敏捷转型
智能商业时代的组织变革

李文波 著

电子工业出版社
Publishing House of Electronics Industry
北京·BEIJING

未经许可，不得以任何方式复制或抄袭本书之部分或全部内容。
版权所有，侵权必究。

图书在版编目（CIP）数据

敏捷转型：智能商业时代的组织变革 / 李文波著. —北京：电子工业出版社，2019.9
ISBN 978-7-121-37196-7

Ⅰ.①敏… Ⅱ.①李… Ⅲ.①企业管理－组织管理学 Ⅳ.①F272.9

中国版本图书馆 CIP 数据核字(2019)第 168445 号

责任编辑：晋　晶
文字编辑：袁桂春
印　　刷：天津嘉恒印务有限公司
装　　订：天津嘉恒印务有限公司
出版发行：电子工业出版社
　　　　　北京市海淀区万寿路 173 信箱　邮编 100036
开　　本：880×1230　1/32　印张：8　字数：158 千字
版　　次：2019 年 9 月第 1 版
印　　次：2022 年 7 月第 2 次印刷
定　　价：78.00 元

凡所购买电子工业出版社图书有缺损问题，请向购买书店调换。若书店售缺，请与本社发行部联系，联系及邮购电话：(010)88254888，88258888。
质量投诉请发邮件至 zlts@phei.com.cn，盗版侵权举报请发邮件至 dbqq@phei.com.cn。
本书咨询联系方式：(010)88254199，sjb@phei.com.cn。
投稿联系方式：lius@phei.com.cn。

谨以此书献给我亲爱的太太程丽与宝贝女儿李诗昀。

重磅推荐

在企业快速发展过程中,需要保持客户交付界面的稳定,也要在交付界面保持活力以实现快速迭代。这也是企业跨越规模化陷阱的两大要素:灵活性与稳定性。在本书中,通过大量的鲜活案例及系统的方法论,详细阐述了企业在转型过程中如何保持敏捷,既灵活又稳定。值得企业家朋友们学习。

——罗兰贝格全球合伙人兼大中华区副总裁 郭凯

作者拥有多年的实战经验,对企业转型有着全面而深刻的理解。从战略、组织架构,到人才布局,本书为我们展现了丰富的经典案例。书中的方法论给了我们不少启示和借鉴。相信能够为更多的企业带来转型启发,值得一读。

——国金证券国际并购业务董事 曾子芸

其实面对现在瞬息万变的竞争态势,不仅是传统企业,就算创新型企业想要保持领先优势都必须毫不懈怠地持续升级,否则数月内就会优势尽失。而我们在评判企业是否值得投资时,时常看企业的创始人是否够牛,但从我们复盘的结果来看,那些善于打造高效组织而不是靠创始人个人能力的公司才能在这场长跑中笑到最后。这正是一本关于系统打造高效组织的书,内有丰富的案例与具体的做法,推荐给创业者们学习。

——洪泰基金(重庆)合伙人　陈晓

近年来的创业潮中,总见到类似的模式、接近的战略,但结果截然不同的创业企业。复盘这些竞争者的差异,往往在于组织效率的高低。本书从构建一个高效组织的原则出发,以组织行为重塑、员工创造力激励为核心,帮助企业打通转型升级的内功,洋洋大观,值得所有转型路上的企业家们认真习阅。

——黑马城市学院院长　卜华

组织活力是应对未来的保障,尤其在 5G 与物联网到来的前夜,无论是互联网公司还是传统公司,都应提升组织活力来强化公司竞争力。本书总结了四大可行方案,既可为正在实施转型中的公司提供导航,也可为准备实施转型的公司指明方向。唯有敏捷,才可先与变化。

——小米全国培训总监　亓文凯

变革转型是企业发展面临的永恒话题，然而，成功率极低。转型升级，不仅需要如"鹰之重生"般自我蜕变的精神与勇气，也需要有合适的方法和路径。本书系统地阐述了变革的四大因子，为企业转型提供了有益的启发，以敏捷应对快速变化的市场环境。

——TCL大学执行校长　许芳

认知升级是组织转型的前提。本书大道至简地给出以下问题的奥秘：如何诊断组织的敏捷程度？如何高效提升组织的原动力？如何前瞻把握潜在的巨大商机？本书以系统思维的风格，全面给出企业转型升级的崭新思路；以简单务实的手法，直接提供敏捷组织开发的锦囊妙计；以动态发展的眼光，指明领导力进化的关键路径；以紧密关联业务的案例剖析，深入浅出地阐述激活组织命脉、重塑核心竞争力的制胜秘密。令人眼睛一亮，很有借鉴价值！

——阿斯利康大学校长　涂益华

新经济环境下，市场与用户消费习惯正在发生着巨大的变化，企业要避免后知后觉，减少亡羊补牢。及时转身，不仅需要领导者认知提升与思维转换，更需要能与之匹配的管理体制与组织架构。企业转型如何破解既有的管理惯性？本书提出四个有效的可行方案，为正被变革阻力困扰的企业提供了便捷指南，值得高级管理者与人力资源部门阅读学习。

——光线传媒人力资源总监　王鑫

在经历了科技革命的巨大社会变迁之后,组织创新与变革也迎来了全新的挑战。特别是当 Z 世代进入职场并逐渐成为创新力量之时,我们不得不重新思考人与组织的关系。本书直面这一挑战,从理论到实践全面启发我们思考,帮助创业者与管理者有效构建敏捷组织,激发人的力量。

——猎聘品牌营销中心总经理　把冉

在 VUCA 时代,激活组织是企业经营者非常关心的话题,本书从敏捷组织、人才进化、激励升级与创新变革四个维度,系统构建了企业转型升级的新通道,是难得的将实战经验与系统方法论相结合的佳作,值得学习!

——HR 转型突破工作室创始人　康至军

企业敏捷转型的新范式

朱伟正　《培训》杂志主编、中创营董事长

对于组织发展的探究和实践，最近在企业培训、组织学习、人才发展、领导力开发领域，同行从业人士都在高度关注，都强调从组织发展的视角重新看待当下面临的种种问题和创新之道。本书从以下四个方面做了重点阐释，为我们提供了新的观察视角和启发。

敏捷组织的洞察与开发

我们正进入一个敏捷组织的时代。这是书中提及最多的一个鲜明观点。作者还观察到，与21世纪近二十年发生的巨大技术革命、生活方式改变、商业模式进化相比，组织管理却没有取得多大的进步，没有能够建立起适应变化的组织管理形态。过去按照"五年规划"按部就班地推动战略落地的情形，在敏捷组织时代，越来越不适用，企业经营计划如何顺势而为，缩短计划周期，打造瞬时优势，值得领导人和管理者反思。

这种敏捷至少体现在三种能力上：一是对现状与挑战的敏捷洞察力；二是直面问题的敏捷分析能力；三是组织内部机制的敏捷迭代设计能力。当然，敏捷组织开发不同于传统的科层制组织建构，作者在书中呈现了敏捷组织开发的"六个盒子"，以及敏捷组织与科层制组织的不同：

- 战略的制定不再是少数决策层的思想激荡，也不再是咨询公司的"黑匣子"作业，而将变成全公司范围内的动态对话。
- 个人影响力来自其带来的价值增长，而非头衔。
- 决定工资水平的是同事，而不是老板。
- 每个想法都能得到发表的机会，个人能被公平对待并赢得尊重。
- 资源配置不再以权力来决定，而是在类似于市场机制的形式下合理调配。
- 协调更多是通过合作而非中央集权实现。
- 扁平化沟通将比垂直沟通更重要。
- 每个人都会像公司主人一样思考问题，担负责任。
- 每个人都会自愿地投入工作。
- "为什么"比"什么"更重要。

人才结构升级，思维与行为模式重塑

在敏捷组织与不确定性时代，管理者的思维和首要任务也需要"重定义"——主要依赖的不再是制度化控制，而更需求嵌入式信任；不再是维持现状，而是领导变革。管理者，正被要求从制度建立者转变成人员开发者，帮助企业中的每个个体做到最好。

"五维立体人才盘点模型"是书中提出的一个新理论，颇有意思。作者认为，一个人在企业中应该有五种角色：自然本我、工作中的我、他人眼中的我、团队中的我、组织中的我。而对于领导者，自身的领导力也要有六种"进化"。

- 探寻可能：从"分析事实"到"探寻未来"。
- 愿力：从"目标导向"到"愿景驱动"。
- 整合领导：从"深耕条线"到"横向协同"。
- 成长型思维：从"固定思考"到"变化思考"。
- 做好一名教练：从"权威管理"到"辅导教练"。
- 韧性：从"追求利润"到"追求卓越"。

就像每个企业都有自己的生命周期一样，企业要想跨越业务发展的周期陷阱，除了要对经营模式、产品、服务等重新进行定位、更新、升级，还需要给员工塑造创新求变的思维模式，构建组织的创新求变文化，书中对此也有良好的策略建议。

驱动力建设，绩效管理与激励

过去数十年，企业经营战略在组织内部的推动需要强有力的绩效管理，这种观点已成为提升企业经营效益的管理工具"必选项"。但作者在书中提出了"摒弃传统绩效管理"的新观点，值得一读。

确实，没有证据表明，传统绩效管理显著且持久地提高了员工个体与组织绩效，反而弊病越发明显，如破坏了坦诚对话，让人看到更多的消极面，将人与人割裂开来，协同变得更难，等等。

一般而言，有持续生命力的企业都拥有一个令人振奋的愿景，团队有传教士般的激情。那些高瞻远瞩的企业相信，如果自己做得足够出色，自然就会挣大钱，因此，他们不是专注于挣钱，而是首先聚焦如何实现更高的愿景，追求卓越。如果我们也相信这一点，那么，企业就有必要从以下六个维度重构绩效管理：

- 从统一到定制。
- 从个人目标到团队目标。
- 从监督到期望。
- 从单一评估、反馈到集体校准、多元对话。
- 从关注过去的业绩到重视未来的能力。
- 从重视薪酬激励到聚焦综合贡献。

领导者必须花时间去思考未来，要能看到发展的趋势。大量深度的学习，倾听各种不同的声音，与大家讨论未来的发展，让员工知道企业走向哪里，这些都是领导者在将愿景植入员工心智模式中很重要的工作。

创新变革路径与准备度

在工业化时代，大多数企业采用的是自上而下的金字塔组织管理方式，呈现出立体的三角锥体：高层、中层与基层，构成了等级森严的管理结构，这种结构保障了组织运行的稳定。但在敏捷组织时代，本书提出了一个企业发展的新命题：如何捕捉新业务商机，选择合适的业务转型路径，并重塑组织与个体的关系，构建真正的利益共同体？

一方面，在新的价值链体系下，用户不再是单纯的需求提供者、产品的购买者，以及企业经营收入的贡献者，同时还是产品开发和产业价值形成的参与者、创造者与使用者。

另一方面，多数企业还是以过去工业化时代的管理方式来管理新业务、新人群，在业务经营过程中加入大量的监督、控制和干涉，而不是信任、授权与分享。新生代的工作群体（以80后、90后为主体）天生独立自主，厌恶从上至下的控制和等级制度，他们需要的是信任，而不是控制。

很显然，企业需要思考如何对市场竞争环境保持敏感，并且快速制定有效的应对策略，以及如何才能做到授权一线，信任伙伴。新的商业模式为传统的雇佣关系带来了巨大的挑战，员工个体的价值在创新时代如何得到充分的激发与展现，是普遍难题。许多企业尚未做好应对准备。

正如作者在书中指出的，只有当企业自己想清楚真正要改变什么之后，企业才会开始寻求创新与变革的路径，以及评估自我转型的能力和准备度。

总体读下来，这是一本发人深省的好书。不仅仅因为自身对组织发展专业领域的关注，更在于作者对企业敏捷转型的深刻洞察和剖析，以及书中提到的诸多新观点、新理念、新策略。

借此，衷心希望此书能给每位读者带来思想上的启迪，携手助力中国企业管理与转型发展探索出自主特色之路。

打造赋能平台，万商敏捷互联

陈平　厚几集团创始人、万达集团前高级副总裁

在智能商业时代，企业转型突破需要把握、聚焦在线化、智能化与网络化三条主线。目前有些企业还处于在线化的阶段，将产品从线下转移到线上，或者线上线下开始结合起来，也有部分企业开始智能化，这其中核心的就是数据和算法。而网络化与智能化又密不可分，两者的高频互动将产生新的商业模式，就像美团，一方面把传统的生活服务在线化，另一方面构建了一个生活服务的协同网络。

智能商业时代的企业需要打造全新的赋能平台，让组织变得更加敏捷。作者结合多年的企业转型变革实践及给众多公司做顾问的经验，在本书中系统提出企业敏捷转型的四个维度：敏捷组织、人才进化、激励升级与创新变革，对我目前从事的新事业带来很大的启发与现实借鉴价值。

自离开万达集团后，我对离开原单位的旧同事问过一句相同的话："我能为你做什么？"无数人的回答让我有了这个闪念——

创办一个平台,将万商链接起来,因此,才有了现在的厚几集团。厚几集团是全国商业精英创业者协作机构,这个平台的规划就是扶持创业者,成就卓越企业家。

一个开放式平台如何吸引更多的伙伴加入?如何为平台的伙伴提供价值?我们的平台该如何构建?过去传统的组织方式很难快速裂变,那我们该用怎样的机制去推进?一系列的问题开始在我脑海中闪现。

经过厚几伙伴们两年多的探索、共创、创新变革,厚几在全国各地开枝散叶,开花结果,落地了大量的项目,并且推动了平台联盟企业的转型升级。如今,回顾总结起来,厚几的快速发展其实离不开以下几个因素:

(1)一个高效敏捷的组织,让伙伴们能够独立自主地开展自己的事业;一个强大的中台,能资源协同,共享发展,并且具备资源整合与赋能的能力;一个快速反应市场的小前端,可以随着市场变化,快速裂变。

(2)平台的高速发展离不开好的人才,厚几平台吸纳人才,特别是领军人才(合伙人)的门槛都比较高,不但在价值观方面要有共识,还需要合伙人具有某个领域的专长,能够给平台其他伙伴们提供独特的价值。

(3)厚几平台之所以能够快速吸引各行业领军人才加入,离不开我们的利益分享机制。厚几平台是一个开放式平台,伙伴们的事业所得都归平台成员自己,厚几在其中不占据任何利益,如果有好的项目产生,厚几平台还会进行投资。

（4）厚几孵化、培育出很多创新项目,这其中重要的是能够抓住新业务商机,鼓励平台伙伴们创新,并且持续投入资源,有战略耐性。这也是我们很多创新项目能够成功的关键,也是推动厚几平台未来走得更远的驱动因子。

综上所述,是我们在这两年发展厚几平台中反思总结的一些经验,恰恰与本书中很多观点不谋而合。读完本书,让我对厚几未来的发展有了更多的思考,书中谈到的很多具体做法,我们已经开始在平台进行实践,还取得了非常不错的效果。

前　言

激活组织，一直是企业的核心。杨国安教授提出的"组织杨三角"是从员工思维、员工能力及员工治理三个维度出发，提出组织能力的建设需要围绕员工会不会、愿不愿意及组织能不能来打造。陈春花也谈道："在组织与个体之间的价值互动中，一方面承认个体价值崛起，个体更加自主与自由；另一方面也更深刻地理解个体需要在一个组织平台上工作，否则个体价值无法得到真正释放。"

如何激发组织与个体之间的价值良性互动？如何在思维、能力及治理结构上达成一种内在的向上突破？如何达成内生性增长与外延式增长的共舞？笔者结合对国内外数十家企业转型升级的案例研究，以及对国内企业转型升级咨询项目的成功实践，提出敏捷转型四因子（见图 0-1），系统地指导企业在智能商业时代的组织变革升级。

图 0-1　敏捷转型四因子

敏捷组织

企业无论是快速发展还是转型升级，都将面临内部组织适应性的问题。组织承接战略，是战略落地不可或缺的一环。组织的适应性影响着企业资源的有效利用、内部高效的协同，甚至核心竞争优势的建立。

在未来以互联网、人工智能（Artificial Intelligence，AI）及高科技为核心的经济形式下，组织将面临新的挑战。组织形态必须打破平衡，从分工转向协同，从职能转向功能，从控制成本转向协同效率。组织形态的设计应该紧密围绕企业的核心价值链，找到关键的价值输出点，匹配相应的功能，将功能在组织中以"协同效率最高"为原则进行重新组合，消除结构障碍，将能够闭环的功能放在一起，减少管理幅度，化小业务单元，授权下沉一线，让"听见炮火声音"的人做决策。

人才进化

近些年，企业尤其强调"领军人才"的价值，特别是当企业要进入一个新的业务领域或者希望在原有业务领域中激发新的生命力时，通常采取的策略就是找到"领军人才"，将企业的使命、期许都寄托于"领军人才"，这种方式阶段性能够发挥一定的作用。然而，从企业长期发展来看，企业在转型升级过程中，更应该系统地构建基于业务核心优势的人才体系，建立内部的人才进化系统。

人才进化系统要从三个方面去构建：一是要紧贴业务价值链，从企业的核心竞争优势出发，阶段性对人才结构进行盘点、优化与升级；二是加强对管理干部的领导力进化，特别是在现如今市场环境、组织管理已经出现了新的特征与变化的情况下，管理干部的领导力转型将变得紧迫；三是塑造员工的创新求变思维方式，在一个多变的时代，只有去拥抱变化，在变化中找到其独特的价值，不摇摆、不迷失，才能走出一片新天地。

激励升级

员工激励是激发员工动力的重要举措之一，也是企业非常关注并且投入资源较多的。特别是随着新兴互联网、高科技的发展，企业创造并实施了很多新的激励形式，如事业合伙人、内部创业、从雇用到联盟等。当然也有很多企业还在持续探索如何通过绩效考核来提高员工的工作效率与成果产出，然而，传统的绩效管理存在着诸多弊端，需要对绩效管理进行重构。

随着经济的持续稳定发展，人的基本生理需求、安全需求在一定程度上都能得到保障与满足，因此企业更应该创造条件去满足员工被尊重、自我实现、有价值感等高层次的需求。在个体自我觉醒的时代，人的自主意识才是工作产出的原动力，不能自主自发，即便提供了各种有吸引力的物质条件，也未必能够持续产生价值贡献。

创新变革

要想跨越企业生命周期的发展陷阱，企业需要持续探索新的业务可能性。能否把握新的业务商机，除了时机、资源及企业家的意志，还需要建立一套内部的捕捉新业务商机机制，持续保持对市场的敏锐。

企业新旧发展动能的转换，一方面要重构核心业务，另一方面还要选择正确的业务转型路径。不同的业务转型路径对企业的资源配置、组织能力及企业经营者的要求都不一样,并且不同的业务转型路径在企业不同的发展阶段是可以交叉甚至并行发展的,因此,企业在转型变革期需要充分评估自身的转型能力,不要盲目,更不能盲从,人家的"风口"可能是你的"旋涡口"。把握转型的关键因素,管理层达成共识,创建人才优势,加强有效的管理行为,持之以恒,企业必能转型升级成功!

目 录

第一篇　敏捷组织：打造高效的协同机制

第一章
组织管理新挑战　2

一切变得越来越快　3
看不见的竞争对手　5
计划周期更短　6
小公司，大优势　8
信任代替控制　10
开放胜于封闭　12

第二章
敏捷组织的典型特征　15

科层制组织的弊端　16
敏捷组织的四大特征　21
敏捷组织的运作机制　28

第三章
敏捷组织开发的六个盒子　33

以业务场景和任务目标构建跨部门敏捷团队　35
从"论资排辈"到"能力为重"　40
让"听见炮火声音"的人做决策　42
以最终产出为目标的职责全覆盖　44
从KPI到OKR　48
"单线程+端到端"工作方式　50

第二篇　人才进化：重塑组织行为方式

第四章

人才结构升级　54

紧贴业务价值　55
重构人才生态　59
五维立体盘点人才　63
迭代人才策略　69

第五章

领导力进化　74

探寻可能：从"分析事实"到"探寻未来"　75
愿力：从"目标导向"到"愿景驱动"　78
整合领导：从"深耕条线"到"横向协同"　81
成长型思维：从"固定思维"到"变化思维"　84
做好一名教练：从"权威管理"到"辅导教练"　86
韧性：从"追求利润"到"追求卓越"　90

第六章
创新求变的思维模式塑造 94

有话直说，对抗有理 96
"离经叛道"有重赏 99
包容失败，不容忍无能 101
压缩犯错时间，从失败中快速学习 103
三大强化策略 106

第三篇　激励升级：点燃员工的创造力

第七章
重构绩效管理 110

摒弃传统绩效管理 111
从统一到定制 117
从个人目标到团队目标 120
从监督到期望 121
从单一评估、反馈到集体校准、多元对话 123
从关注过去的业绩到重视未来的能力 124
从重视薪酬激励到聚焦综合贡献 125

第八章
事业合伙：构建利益共同体　128

新的企业价值链正在形成　129
重塑组织与个体的关系　132
从雇用到联盟　135
成为合伙人　138
内部创业　141

第九章
柔性激励：自我价值的实现　145

设定挑战性目标　147
赋予价值感　152
发现优势　154
构建参与的空间　156
自我激励　163

第四篇 创新变革：激发企业持续发展新动能

第十章

捕捉新业务商机　168

错失新业务商机的四大陷阱　169

持续保持对市场的敏锐　176

小步快跑，迅速迭代　180

战略的灵活性　183

自主权适当分离　184

第十一章

选择正确的业务转型路径　188

重构核心业务　189

业务分离　193

迭代升级　195

转换跑道　197

自行独立运作　200

构建生态系统　202

第十二章
做好变革转型的准备　　206

评估转型能力　　207

把握变革转型要素　　211

企业领导者的重视　　217

创建人才优势　　219

有效管理行为　　222

参考文献　　225

第一篇

敏捷组织：打造高效的协同机制

组织变化会反映出环境变化的趋势，这一点几乎存在于所有的组织理论假设中。环境和历史一同塑造着组织的形式与实践，尽管这种作用是极其低效且常常不稳定的。因此，当一个组织企图寻求生存并被其竞争环境所选择时，环境中的一些具体变化很有可能带来组织的特定变化。

环境的急速变化带出一种预测，认为未来的环境会对那些灵活和快速改变的组织更为有利。那些不能适应变化的组织，将注定在环境变化中消亡。

——詹姆斯·G.马奇

Chapter 1

第一章

组织管理新挑战

与 21 世纪近二十年发生的巨大技术革命、生活方式改变、商业模式进化相比,组织管理并没有取得多大进步,没有能够建立起适应变化的组织管理形态。特别是在原有产业中具有优势的企业,因不想摒弃那些原来帮助企业成功的特性而错失了转型升级的契机。也有一些企业,在面对新技术带来的竞争格局变化时,不能把握变化中的特性,常常手足无措。

一切变得越来越快

英特尔创始人之一戈登·摩尔提出："当价格不变时，集成电路上可容纳的元器件的数目，每隔 18~24 个月便会增加一倍，性能也将提升一倍。"这就是著名的"摩尔定律"，揭示了信息技术进步的速度。

1. 产品更新速度加快

回溯信息技术发展的数十年，由摩尔定律和其他诞生于数字世界的基本力量创造出来的全新信息方式正在随着信息性能的指数成长而加速产品、公司和产业的迭代更新。在不同的行业里，产品生命周期都在缩短。正如从胶片摄影到数码摄影的转变一样，一旦底层的物质、机械技术转变成数字的、信息的，将给产业带来裂变。在胶片时代，很难想象要处理十亿张照片需要多少图片处理中心花多长时间来处理，而现在微信、Facebook 每天的图片处理数量就要超过十亿张。

过去十年，移动互联网兴起，犹如曾参与互联网浏览器发明的马克·安德森所说："软件正在吞噬世界。"云计算和应用商店的生态系统就是这种趋势的证明。我们日常生活中的衣食住行都被各种 App 应用占据，消费者与产品的距离越来越近，也更加扁平化，去掉了很多中间环节，提升了商业交易的效率。而企业通过双向互动、评价，又能够在第一时间获悉产品待改进提升的点，加快产品的迭代升级，为客户提供更好的应用产品。

> 小米是一家非常重视用户参与感和体验感的企业，在其产品的开发迭代过程中，非常重视用户的意见。小米手机 MIUI 操作系统有三个更新频率：一天一更新，面对的用户几千人，属于小米铁粉级的，愿意接受更新带来的系统操作可能的不稳定；一周一更新，面对的用户几百万人，在更大一点的用户范围内获取更多维度的修订建议；一月一更新，基本上是成熟定型产品，面向所有用户开放使用。

2．协同网状化

信息技术的发展在人与人、人与物、物与物之间建立起了链接，并且这种链接没有时间、空间的限制。链接代表资源可以被充分利用，解决问题的效率会提高，成果会更加显现。就像开源一样，将一帮志同道合的人才链接起来，促发大家协同合作，保持长时间的持续投入，解决某个问题。比如，编写一款生活应用 App 的开发者，现在可以从上百个致力于类似项目的开发者的开放代码里获得帮助。开源的模式能够节约开发成本，可以实现资源的最优配置，增加项目的透明度，降低开发风险。

其实，商业最重要的就是结网，形成网络协同效用。2018 年 11 月 11 日，阿里巴巴"双十一"一天的商品成交额创下了 2 135 亿元人民币的新纪录。淘宝没有库存，但拥有超过 1 000 万个卖家的庞大网络。这些卖家与数百万个合作伙伴进行协同，各方共同努力完成线上零售、交易处理、分销和送货上门等一系列复杂任务。这当中的协同方式绝不是传统线性结构能够满足的，而必须是网状化的协同：将无数的用户、海量的卖家与交易环节的合作伙伴链接起来，形成一个巨大的网。

信息技术的加速度，促使市场正在步入一个"赢者通吃"的时代。百度在搜索引擎的地位无人撼动，腾讯的社交平台微信已有超过十亿个用户，阿里巴巴的电子商务已经令人望尘莫及。网络效应和顾客体验似乎已成为这场变化的竞争本质了。

看不见的竞争对手

在畅销书《创新者的窘境》中，克莱顿·克里斯坦森指出，颠覆性的创新很少是来源于企业内部的。也就是说，原有的行业从业者在颠覆真正来临之前，都很少会计划或准备好应对措施。行业新进入者，不需要考虑过去的体系，再加上机会、信息与技术的发展以及新的商业模式植入，新进入者能够以更低的成本采取更快速的行动。企业无论处于哪个发展阶段，企业经营者要时刻想着"有人会颠覆你"，而且颠覆不知道来自哪个方向。就像马云在一次演讲中谈道："永远相信你的对手不在你边上，在你边上的人都是你的榜样，哪怕这个人你特讨厌！你的对手可能在以色列，可能在你不知道的什么地方，他比你更用功！"

胶卷界当之无愧的霸主柯达被做手机的诺基亚打败；曾占领

全球手机市场绝对优势地位的诺基亚被做电脑的苹果碾压；在中国具有无可撼动地位的移动运营商被互联网新秀"微信"击溃如山倒；掌控中国老百姓几十年钱袋子的各大银行，看似坚不可摧，却被互联网的"宝宝"们收拾得节节败退……

最可怕的对手不是看得见的同级别对手，而是看不见的竞争对手。

2018 年 6 月 28 日亚马逊宣布斥资 10 亿美元收购小型在线药店 Pillpack，消息一经发布便引起轩然大波，美国国内主要连锁药店和医药分销商的股票均出现暴跌。对于传统连锁药店巨头 Walgreens 与 CVS Health 来说，这无疑是一个巨大的降维打击，亚马逊对市场份额的侵蚀势必会令它们蒙受巨大损失。

亚马逊之所以敢进入医药零售市场，是基于其在电子商务市场中积累的技术优势、渠道优势及创新优势：亚马逊有成熟的零售和分销网络渠道；建立实体店，线上线下打通，能更好地互相导流；基于语音智能系统 Alexa 开发了远程病人的监护功能。这些优势都是传统线下连锁药店所不具备的，这也是看不见的竞争对手让人忌惮的地方。

计划周期更短

建立可持续的业务竞争优势是大部分公司追求的目标。如今随着信息技术的发展、人工智能与产业的结合、万物互联构成一个"平"的世界，消费者和竞争对手已变得越来越不可捉摸，行业也变得越来越松散和不稳定。越来越少的公司能保持真正具有持续性的竞争优势了，过去按照"五年规划"按部就班地推动战略落地的情形，在不确定时代，变得越来越不适用了，企业经营计划要顺势而为，缩短计划周期，打造瞬时优势。

> 小米从2010年成立到成为中国手机市场占有率第一，只花了短短的四年时间。在这样一个呈指数型发展的公司，很难用"五年规划"去设定目标。值得庆幸的是，小米一直以用户为核心，围绕用户的价值创造"蒙眼狂奔"，而没有像大多数公司一样时不时回看"五年规划"设定的目标，要不小米用四年时间就达到传统手机厂商需要20年也未曾攀登的高峰，那是不可想象的。
>
> 2016年，小米手机出货量出现断崖式下跌，市场研究机构数据显示，曾经贵为销量冠军的小米仅仅卖出了4 150万部手机，销量同比下降36%。小米过去成功的因素变成了阻碍公司发展的绊脚石：曾经的高性价比变成了"低端手机"代名词；曾经的粉丝经济随着线上流量的饱和和获客成本的提升而竞争不过拥有大量终端门店、提供客户更好体验的手机厂商。短短两年时间，曾经的竞争优势开始变成业务发展的劣势。在这么快速变化的市场环境下，小米迅速调整战略方向：推出MIX系列手机，进入中高端手机市场；开设线下门店"小米之家"，拓

宽获客渠道，线上线下结合，提升用户购买与服务体验。到2017年第四季度，小米手机市场份额攀升到 14%，成为该季度增长最快的手机品牌，超过苹果。

因此，目标胜于战略，执行胜于计划。将"五年规划"变成随市场而动的短期业务策略可能会带来一定的不安，但也会给企业带来意想不到的成功与回报。

小公司，大优势

巴菲特认为，"投资的关键在于确定一家目标公司的竞争优势，尤为重要的是，确定这种优势的持续期。被宽阔的、长流不息的护城河所保护的产品和服务能为投资者带来丰厚的回报"。随着信息革命的到来，新技术快速发展，企业以资产规模和成本优势筑起的护城河变得并不是那么牢不可破。里德·霍夫曼在《至关重要的关系》中谈道："交易成本已不再是一种优势，任何个人都能像管理公司一样管理自己，小型团队也具有成就大事的空前强大能力。在当下乃至不远的将来，对环境变化的适应力和敏捷程度的重要性会逐渐超过企业大小和规模。"

> 美国租碟业务巨头 Blockbuster 在顶峰时期，共拥有 9 000 多家门店与接近 60 000 名员工，而 Netflix 依靠用户支付固定费用就可无限制租赁的运营模式，以四两拨千斤的方式将其击败。

2007年，Netflix开始提供流媒体服务，至今已经实现本土订阅用户数超过HBO（付费电视领导者）、网络高峰下载流量占比远高于YouTube的业绩。2012年开始，Netflix又开始向产业链后端发力，开始利用大数据分析来精确提炼客户需求，整合各方自产长视频。Netflix每次进入的新领域，都有大巨头早早就建立了优势，而Netflix作为相对小的公司，借助对技术的应用、创新以及商业模式的迭代进化，一一击败行业传统巨头。

小公司之所以能够快速建立起自己的优势，是因为在如今能够以低成本获取技术和工具。

云计算就是现实写照，它提供了无比强大的处理能力来储存和管理海量信息，而且按照使用次数收取费用，不需要前置成本和资本投入，甚至有些云计算公司还建立基金，鼓励企业在其平台进行产品开发。云计算还让小公司有资格与大公司齐头并进，甚至能略胜一筹，因为大公司往往会受到昂贵的内部信息技术运营成本的拖累。此外，不断发展的大数据分析工具将会让或大或小的公司能对其市场和顾客做出前所未有、细致入微的了解，能够更加高效地取得更精准的市场数据而不用投入昂贵的成本。

同样，在硬件领域也有很多类似工具的广泛应用。过去要开发一个硬件，需要购买相关实验设施、制造设备，构建生产线，等等，这些都是大量的前期成本投入，对一家小公司来说，具有很大风险。如今，在全世界有大量的"制造实验室"，小公司可以租用其设施，而不用去购买。中国有海量的、先进的制造企业，基本上能覆盖全产业链，这些企业的制造设备都可以租用而不用自建，这大大降低了小公司的运营风险，特别是从创意到产品成型的阶段。

> 2013年开始，小米开始布局物联网（Internet of Things，IoT），采用一种全新的方式——基于企业生态的智能硬件孵化器：对生态链公司不控股，让其有更多的自主权及资本收益权，激发小型团队做好产品与服务；对生态链公司输出产品方法论、价值观，提供全方位支持，与生态链公司共同定义产品、主导设计、协助研发、背书供应链。最后对通过小米内测后的生态链公司的产品，按类别开放米家和小米两个品牌，并提供渠道支持、营销支持，负责销售与售后。对于很多行业的小公司来讲，只需要关注产品研发本身，生产、供应链、销售、售后都可以共享资源，而不需要前置大量的成本。经过三年发展，小米生态链企业数量已达到77家，其中30家发布了产品，截至2016年年底，生态链硬件销售额已突破100亿元，让更多小公司在短时间内建立起大优势。

信任代替控制

领导力大师沃伦·本尼斯曾提到，工作环境将变为一个"有机适应性结构"，即提醒企业的经营者要随着市场环境的变化、技术的发展来调整组织内部的管理形式，要与时俱进。而现实是，组织内部的管理严重滞后于技术的发展、环境的变化。

近些年，随着互联网、人工智能及大数据等新技术的发展与产业应用，很多传统企业开始有危机感，也纷纷"触网"，做数字化转型。从业务结构看，企业有数字化的形，而从实际效果看，成功的并不太多。这里边很关键的问题就是，企业还是以传统的、工业化时代的管理方式来管理新业务、新人群，在业务经营过程中加入大量的监督、控制和干涉，而不是信任、授权与分享。

新生代的工作群体（80后、90后）天生独立自主，习惯数字化生活，厌恶从上至下的控制和等级制度，需要信任而不是控制。企业应对市场竞争环境，保持敏感，并且快速制定应对策略，需要授权一线，信任伙伴。

> Facebook的开发团队成员可以在不经审查的情况下将新的代码发布到在线平台，对员工充分信任。基于这份信任，团队成员会更努力地工作，确保不会出错。结果就是，Facebook能以硅谷史上无人能及的速度，发布复杂程度难以想象的代码。在这一过程中，它将行业标准提高了好几个档次。

在变化速度越来越快的世界里，可预测的过程和持久稳定的环境已成了过去式。一切可预测的东西都已或即将被人工智能或机器人自动化所取代，而人类工作者只需处理异常情况。因此，工作的本质正在发生变化，这对每个团队成员主动性和创新性的要求也提高了。管理者的首要任务不是制度化控制，而是嵌入式信任。

开放胜于封闭

过去十几年,互联网的发展经历了三个阶段。

第一阶段是Web1.0,此阶段的特征以信息为中心,信息是单向的,用户被动接受;典型的应用是门户,搜索的出现提高了用户获取信息的效率和效果,是该阶段最明显的互联网生产力变革。

第二阶段是Web2.0,此阶段的特征以人为中心,用户主动参与和分享,典型的应用是视频分享、SNS应用,用户生产内容,用户高度链接,是互联网生产力的又一次突破性变革。

第三阶段是Web3.0,此阶段以应用服务为中心,旨在为互联网用户提供更个性化、更多元化、更及时的服务。在此背景下,单一的互联网企业已经很难满足个性化、多元化的网民需求,开放是必然趋势。互联网企业需要开放资源,搭建平台,开发者则把自己的创意和想法更快、更有效地在开放平台里面实现、推广和运营。开放平台的出现,使得产业进一步分工,互联网"生产力"又迎来一次质的飞跃。

互联网最核心的特点就是开放,信息技术的发展让人类可以前所未有的方式自由链接并发挥创造力。

以YouTube为例,每分钟有超过100小时的视频被上传至YouTube,每个月全球用户的视频观看量合计超过60亿小时。YouTube是一个开放的平台,任何人都可以贡献内容,并且数以百万计的内容提供者通过上传视频挣到了钱。这样短时间内

> 能够爆发出来的产品，在过去的传统工业化时代是无法想象的，其中的商业核心思想就是开放。

很多传统企业也开始思考开放即将给企业带来什么？有些企业已经在实践，还获取了成功，海尔就是典型的代表。

> 2012年12月26日，海尔提出转型——正式实施网络化战略，其中最大的变化在于，将过去封闭的传统企业组织变成一个开放的生态平台，与上下游的关系从零和博弈变成利益共享。海尔在确定了整个企业生态平台化的大方向之后，将原来按矩阵方式划分的功能模块全部变成了平台。
>
> 海尔的此次转型，伴随着日日顺、海立方两大平台相继亮相，并力图在向电商靠拢的路上凭借"生产"和"销售"两条腿走路。2014年年初，随着智能家电产品的增多，海尔将管理用户数据和设备连接的Uhome做成一个向第三方品牌开放的平台，并改名为U+；只要符合海尔通信协议标准的设备，就可接入U+。海尔对这些平台的要求是，长出越来越多的内部创业公司，即"小微公司"。海尔期望用大平台套小平台，小平台生长出小微物种的方式，丰富整个海尔生态。
>
> 目前海尔集团共有200多个小微公司。在海外有32个小微主，其中19个成立了独立的法人机构。海尔将小微公司又分成三类：创业小微，从无到有孵化出来的，如雷神、巨商汇等；转型小微，由成长、成熟的产业模式创新转型而来，如智胜、

卡萨帝等；生态小微，如拥有 9 万辆服务车的车小微等。

海尔的这种开放策略，向社会开放供应链资源，每个供应商和用户都可以参与海尔全流程用户体验的价值创造。从本质意义上说，则是海尔向社会开放机制创新的土壤，制定机会均等、结果公平的游戏规则，呼唤利益相关各方共建、共享、共赢。

Chapter 2
第二章
敏捷组织的典型特征

组织要适应不断变化的环境条件,这俨然已经成为管理领域的一条金科玉律。然而,即便最成功的企业,它在面对可能摧毁企业能力的非线性变化时,也经常会陷入困境。特别是在原有行业取得不错业绩的企业更加难以适应这种变化。这是由于它们在过去专业领域、市场或者客户等方面比较擅长,而要摒弃这些原来帮助企业成功的特性是很困难的。

随着技术创新加快,竞争边界越来越模糊,市场环境越来越复杂,企业将进入敏捷组织的时代,传统的科层制组织很难适应当下的环境。在敏捷组织时代,企业需要掌握两种关键能力。第一种是在探索未来和利用过去优势资源之间有效平衡的能力。一方面,企业在集中精力利用现有的竞争优势时自然会改进当前的业务,但同时也会让它无力应对那些削弱其竞争优势和价值的突然变化。另一方面,如果企业集中精力探索未来业务,它会因为缺乏现实成果而面临短期风险。于是,在探索未来和利用过去优势资源之间取得平衡尤其重要。第二种是组合现有优势的能力。如果企业能够依靠过去积累的竞争优势资源创造新的组合,它就可以有效地利用现有能力而不受其束缚。

上述两种关键能力,都聚焦在资源的获取与分配、长短期企业发展平衡以及新业务孵化创新上。在敏捷组织时代,企业既要有强大的资源平台,能够支撑业务快速发展,也要有能够快速灵敏应对市场变化的业务前端;企业既需要产业链上下游的联盟,也需要激发组织内部个体的潜能。

科层制组织的弊端

自从第三次科技革命以来,企业一直在为组织结构寻找"最好形态"。愿望是美好的,但现实是残酷的。组织结构历经数次演变,很难有"最好形态",而应该"敏捷灵活",视具体情况而定。

组织结构随着组织规模的扩大以及对业务精细化要求越来越高而演变。企业在创业阶段，规模不大，活下来、求发展是主题，需要快速对市场做出反应，一般都是创始人做决策，下属执行就可以，多采用职能制。随着企业发展到一定的规模，产品、商业模式都比较成熟，这个阶段企业的诉求是快速规模化，多半会采用事业部制，把权力授权下去，充分激发一线的活力，但可能造成"诸侯割据"，内部抢夺资源，步调不一致。再往前发展到一定阶段，企业往往会采用矩阵式组织结构，用垂直条线去管控，做抓手，避免失控。但是矩阵式组织结构又会导致责任不清，职责不明，互相推诿，执行力不够。

科层制强调高度专业化和例行的日常运营活动、组织极其正式的沟通、大型运营单元、以职能为基础的团队任务、相对集权的决策过程，以及在直线层与职能层之间存在明确分工的行政管理机构。传统的科层制组织在 VUCA［Volatility（易变性）、Uncertainty（不确定性）、Complexity（复杂性）、Ambiguity（模糊性），指变幻莫测］时代下弊端凸显。

1. 无法敏捷应对外部变化

市场竞争瞬息万变，产品推出速度也在加快，一线的业务部门能够及时了解到相关信息，但是要快速形成应对的解决方案，在科层制组织中还是面临很大的挑战。新的解决方案的执行，需要内部多个部门的协同配合，这其中难免会有利益冲突，最后形成一个妥协的产物。先不说解决方案的合理有效性,方案需要经过内部各级审批,耗时非常漫长,很多时候等着内部流程走完,市场可能又发生新的变化,方案还没落地,就已经失效。

从横向关系上看,科层制组织最大的问题是"部门墙",大多数企业都能明显感受到,一旦跳出部门,涉及跨部门的协同都比较困难,这是组织架构设定及部门功能定位造成的,而不是员工的协同意识。在科层制组织下的分工,基本上都是针对部门功能下的岗位应该做些什么,而没有强调在横向链条上应该做些什么。看似都有岗位说明书,都有分工,其实分工没有明晰,还有很多"灰色"空间。

在科层制组织下的"部门墙",消耗了内部的资源与效率,让一线业务不能快速、高效地应对市场变化。

2. 内部创新阻力大

企业持续发展离不开创新。1983 年,惠普首次入选《财富》杂志"美国上市公司前 100 名",到了 2013 年,那 100 家公司里仅剩 21 家公司仍在榜单上,其余的或者被收购,或者跌出榜单,甚至破产,然而惠普依旧在成长。这其中,不同寻常的自下而上的创新过程始终是惠普持续成长的重要因素。

然而,科层制组织阻碍了企业自下而上的创新过程,科层制强调的是权威管理,自上而下的工作流程,并且资源也经常发生错配或者不能合理高效应用。笔者在担任企业顾问的过程中发现,企业经营者总是在各种大大小小的会议上号召员工要创新，也投入了资源，但往往收效甚微，这是为何？我们不难得知，在这个过程中，肯定有员工是积极响应的，也提出了很多创新的建议、想法，但这些创新的建议和想法需要更多的资源投入才能实现，但是在科层制组织中，资源经常无法在内部顺畅流通、高效利用。因为每个部门都有自己的专属关键绩效指标（Key Performance Indicator，KPI），希望把更多的资源与精力聚焦在 KPI 实现上，如果创新建议和想法不能对部门 KPI 产生直接的正面影响，可能直接就被部门领导否决了。就算对本部门产出有价值，可能还需要考虑跨部门的支持，部门间利益是否一致。如果不一致，那配合起来就比较难，除非成立各种专项委员会。

3. 员工缺乏积极主动性

员工内驱力分为三个层次：内驱力 1.0 是生物性驱动力，主要是出于基本的生理需求的满足而产生的；内驱力 2.0 是外在动机，关注做出特定行为时会带来的奖励或惩罚；内驱力 3.0 是内在动机，通过发现新奇事物、进行挑战、拓展并施展才能，以及探索和学习的内在倾向来获得自我价值实现。

在科层制组织中，决策是自上而下的，资源掌握在少数人手里，工作目标一层一层推进落地，越往下越是简单执行。久而久之，员工多按规章办事，灵活变通能力比较弱，也不会去主动思考，更没有探索新事物的意愿，甚至会抹杀学习的动力，因为学得越多，想得越多，而自己能推动改变的又太少，备受打击。

4. 决策瓶颈和唯上文化

从纵向关系上看，科层制组织最大的问题是上下级之间沟通不畅，信息传递不上来，任务落实不下去。

科层制设计的初衷是专业分工，层层授权，责权利分明，紧盯目标，各司其职。现实中，管理者往往不愿下放权力，责任、压力倒是向下属紧逼。管理者掌握生杀予夺大权，以便能够调动下属，促使他们能够更好地执行到位。其实，下属也非常清楚其中的逻辑，势必会造成"早请示，晚汇报"，凡事不敢决策，也不愿多思考，一切让领导来决策，出了问题可以规避风险。企业的发展完全依赖于管理者的工作能力与决策水准，没有充分发挥大部分员工的创造力，是对人力资源的浪费。员工也容易唯上，恶劣的情况可能会造成部门"山头主义"，利益小团队林立，禁锢了企业的创新发展。

5. 过度强调标准化和一致性

在科层制组织中，强调步调统一，管理偏向一刀切，不能充分考虑不同业务单元所在不同行业、不同发展周期的差异，过度强调标准化和一致性，给业务经营带来了负面影响。

以绩效考核为例，很多企业基本上都是沿用一套绩效管理模式，而没有针对不同业务特点进行绩效管理。在企业内部有些业务是成熟型的，指标比较好提炼，有行业参考数据，也有历史数据对标，可以用 KPI 来考核；有些业务属于创业期，还处于发展阶段，难以参考行业数据，也没有历史数据，这时应当用目标与关键成果（Objectives and Key Results，OKR）来考核，让团队以"引领新指标"为导向，达成更高的目标。如果针对创业期或高速发展期业务也采用 KPI 来进行考核，那么员工只会紧盯现有的业绩目标，控制业务节奏不发力，最终团队不能实现更高的目标，错失市场快速发展应该获取更高产出的机遇。

敏捷组织的四大特征

敏捷组织区别于传统的科层制组织。

（1）战略的制定不再是少数决策层的思想激荡，也不再是咨询公司的"黑匣子"作业，而将变成全公司范围内的动态对话。

（2）个人的影响力来自其带来的价值增长，而非头衔。

（3）决定工资水平的是同事，而不是老板。

（4）每个想法都能够得到发表的机会，能够被公平对待并赢得尊重。

（5）资源配置不再以权力来决定，而是在类似于市场机制的形式下合理调配。

（6）协调更多是通过合作而非中央集权实现。

（7）扁平化沟通将比垂直沟通更重要。

（8）每个人都会像公司主人一样思考问题，担负责任。

（9）每个人都会自愿地投入工作。

（10）"为什么"比"什么"更重要。

组织设计其实是一个非常复杂的工程，需要考量的因素也特别多，特别是在各个因素之间如何取得平衡，更加考验组织设计能力，笔者通过多年的项目经验，总结得出组织设计通常由六项不同因素进行组合构建。

（1）组织目标是企业的宏观目标以及与绩效相关的结果。企业以什么（产品、利润、规模化等）作为核心竞争力，那么在组织设计时就要考虑企业价值链的核心功能聚焦在哪里，资源投放在哪里。

（2）战略是指为了实现公司与业务两个层面上的目标而事先计划或随机形成的长期模式。战略决定组织，组织支撑战略。组织设计有时候是战略实现的优势资源。

（3）权力关系包括组织结构和汇报结构。组织结构的形态能够很明显看出功能与功能之间的关系，比如，金字塔式的科层制组织，由上往下，层级较多，关系一目了然。

（4）技术是指信息、沟通和生产技术。企业内部的信息流转、沟通渠道及畅通程度、生产技术都将直接影响组织结构，特别是近年随着生产技术的迭代发展及信息处理能力的指数级提高，对组织形态的影响巨大。

（5）市场包括与客户、供应商、合作伙伴和竞争对手之间的关系。组织设计除了考虑组织目标、战略、权

> 力关系、技术等，更需要将客户、供应商、合作伙伴及竞争对手的关系考虑进来，这些都将推动组织形态的演变。比如，过去强调掠夺式竞争，现在追求打造行业生态、互利共赢。面对新的竞争格局，组织形态需要做强有力的进化演变。
>
> （6）过程是指这些因素之间的互动联系。
>
> 组织设计是一个将以上因素综合考虑、平衡的动态过程，随着各个因素的变化而自行演变。

1. 强大中后台：大规模支持平台

在敏捷组织中，强大中后台指的是将支撑前端业务发展的相关功能集成的平台，是提供业务发展的可共享的各种资源和基础设施的协作平台，通常由许多不同层级、互相连通形成的复杂结构的子平台系统组成，以便更好地赋能业务发展，促使各功能之间的交互和再创新，以极低的引爆点和极高的效率发生。强大中后台是一个创新赋能者，而不是业务主导者。只有激发人才的主观能动性，创新才能在最自由的空间里被孵化。

> 阿里巴巴中后台包括基础数据储存和技术平台阿里云，人工智能和机器学习引擎DTPAI（数据人工智能平台），代码、算法、模型的共创平台，项目管理和工程平台，以及应用层面的商业智能分析、调研、设计和开发应用平台等。这些子平台系

> 统以统一的标准、协议和流程规范,畅通连接和共享。创新的资源配置过程就如同将这些子平台进行搭配连通的乐高游戏。

组织要求业务前端反应越灵活,就越需要强大的中后台用平台化的方法提供支持和服务。过去科层制的架构是前后台一体化,从产品生产到技术研发再到运营销售,是一个垂直整合的架构,面对快速的市场变化,跨部门的协同效率比较低,资源的配置也很难合理,不能快速提供一体化解决方案。平台化的模式可以把相关功能进行集成,内部资源的调配也比较快速、合理,能够快速提供一体化端到端的解决方案,高效推动业务小前端的发展。

在平台化的模式下,组织将变得更加透明,每个人的贡献得以公平地被评估和公示,从而形成正向激励。员工的工作成果也将在平台上沉淀,技术、经验都将日益丰富,持续迭代,从而形成强大的平台能力,构成业务竞争的壁垒。

如果一项任务的完成需要各方协同,信息必须实时传达各方,让相关的人做出合适的反应来把工作完成,再往下传递。在强大的中后台下,任何一个人都可以在这个协同网上根据需要获取相关信息,调动相应的资源,在那个节点上解决问题。而在科层制组织中,信息传递由上而下,层层衰减,导致领导不知道实际发生的情况,员工对领导的指示理解不到位。

2. 小前端:直接接触终端的跨职能团队

在敏捷组织中,小前端指的是以客户为中心,围绕客户价值的实现,需要企业哪些功能提供什么样的服务,将这些直接产生客户价值的业务功能进行闭环,形成一个个的业务小单元。

业务小前端具有充分的权限,可以组合内部的业务功能,快速地对市场进行反应。许多管理咨询公司都采用类似的结构,通过横向工作打破纵向汇报体系。例如,麦肯锡、罗兰贝格等公司将合伙人和助理组成专业部门,如战略、信息和变革等。不过,有时这些公司也会从几个部门抽调人员组成临时的项目团队。在项目期间,团队的领导者可以调度专业部门的资源,确保客户取得技术方案,解决客户面临的问题。

业务小前端的设置让组织的应变更灵活。无论在一家企业内部,还是在一系列企业之间,业务单元可以开放、移动或关闭,而每个业务小前端都比其他任何单元更加贴近客户。这样的业务设置特别适合技术变革迅速、生产和销售方式层出不穷的行业。

> 20世纪90年代末期,ABB在100多个国家雇用了20多万名员工。1998年,该公司的销售收入达到310亿美元,利润为20亿美元。尽管如此,总部办公室只有不到100名管理者,几乎所有决策都由分布于全球的1 300个运营单元和5 000多个利润中心完成。ABB对业务前端进行充分授权,去掉中间层,只有高层和现场经理这一层,现场经理拥有决定一切的自主权。

3. 共治理:自下而上的创业精神

在敏捷组织中,个体的自主自发与价值贡献是业务发展的原动力。如何通过激励、氛围营造及互动关系来激发组织自下而上的创业精神，变得尤其重要。

（1）兴趣、动力与挑战。马斯洛在《人类激励理论》中提出，人类需求像阶梯一样从低到高按层次分为五种，分别是生理需求、安全需求、社交需求、尊重需求和自我实现需求。企业现阶段的激励机制，如期权奖励、奖金等偏向于工作结束之后的利益分享，是对过去价值成果的一个再定价过程。如果这个激励的过程不够持续，很难让员工一直与企业长期的利益倾向保持一致。在如今的创造力时代，员工往往是自我激励的，组织应当就员工的兴趣匹配其工作内容，并且给员工适当的任务挑战，激发其内在的动力和对自我价值实现的追求。

> 小米有很多来自谷歌、微软等知名企业的工程师，他们之所以愿意以比较低的薪酬加入小米，并且心甘情愿地承受"996"工作制带来的巨大压力，最主要的原因是他们能真切地感受到自己在创造新的产品，在改变这个世界，这种自我激励和自我驱动让小米在过去的几年能够快速发展，成绩令业界震惊。

（2）共同创造的氛围。在敏捷组织时代，横向的协同将变成自然行为。企业应当营造氛围，让员工能够共同创造。特别是在人才高度流动、竞争激烈的今天，人才不会仅仅满足于物质激励，他们更关注组织能提供什么样的环境让其实现自己的理想与追求。企业需要有清晰的使命、价值观，去吸引更多志同道合的人才，共创企业的未来。就像阿里巴巴的"让天下没有难做的生意"以及 Facebook 的"赋予人创建社群的权力，让世界融合在一起"，这些公司倡导改变世界的勇气和崇高的使命，吸引了行业内最优秀的人才，愿意与其一起奋斗、共同创造。也只有这样的志同道合，人才能在协同过程中无缝衔接。让企业价值观、使命去引领，志同道合的人才去共创，组织才会越来越有创造力。

（3）良性的互动。技术的发展让组织内部人与人的互动更加频繁，企业需要创造条件，让员工能够良性互动。比如，谷歌在早期很长的一段时间内，公司所有正在进行的项目都会在拉里·佩奇主持的每周五下午的员工大会上公布，员工可以自由讨论和挑战；员工有很高的自主权，可以跨部门调动资源；等等。这些都需要企业去设定相应的机制，来推动员工之间的良性互动。在科层制组织中，管理者大部分精力都放在对员工的监督管理上，而在敏捷组织中，管理者思考如何提供一个平台让员工之间能够有更多的互动，甚至产生跨界交流，促发团队的创新、创造力，激发组织活力。

4. 富生态：多元的生态体系

企业的持续发展离不开内部组织能力的打造，以及以内部核心能力为重心的外部生态体系构建。多元的生态体系是敏捷组织重要的特征之一。这是由内而外对组织形态进行重塑，从外部视角来检视内部组织的科学完整、敏捷性，给企业通向良性发展道路提供了很好的指引。

敏捷组织中的多元生态体系，首先需要构建企业自身的核心竞争力；其次以核心竞争力来延展到外部的产业链条，赋能给相关生态体系中的业务单元；最后将外部生态体系的产出成果与资源回馈给企业内部，循环往复，构建企业强大的生命力，形成更大的竞争优势。

> 腾讯的生态体系很完善，核心在于腾讯属于多核生态体系，具有强风险抵抗能力。微信、QQ、游戏和资讯类产品已经成为腾讯的生态体系核心。腾讯至少拥有超过四个核心产品群，而且这些产品具有很强的造血能力，是腾讯生态体系的植物，供养着腾讯数量庞大的植食和肉食动物们！
>
> 微信和QQ是腾讯所有产品里最稳定的产品，也是生态链的最核心。超强的用户黏性、庞大的用户量，腾讯依托微信和QQ能够完成任何产品的推广。这也是为什么互联网竞争中总也少不了腾讯的身影。这样，具有四核的企业生态链，以及赋能给生态链的业务单元，为腾讯近十年的快速发展、多元化布局及业绩腾飞奠定了坚实的基石。

敏捷组织的运作机制

1. 虚拟或实体运作

在敏捷组织开发过程中，基于企业发展阶段及业务特点，往往会采取虚拟或实体运作两种不同的方式。

如果是针对阶段性或临时性业务，企业将采取虚拟项目组或特性团队的方式，任务结束后，人员回归或参与到新项目中去。虚拟项目组由于横向合作不断加强，没有必要通过上级管理者来寻求下级各部门的合作，削弱了管理者在提供反馈和绩效考核方面的中心地位，利于快速决策，响应市场变化。

如果是针对长期稳定业务，企业将采取实体运作方式，成立独立的部门或公司。在这种运作方式下，企业会在新业务中建立全新的实体，然后至少将一部分业务独立出去，母公司有时候类似于控股公司，发挥风险投资者、保护性的孵化器、赋能者的作用，企业和业务单元之间的权力关系将由母公司的控制转向独立自主。这种运作方式为开发高成本、风险型的新业务搭建了一个优秀的平台，能够运用不同的增长战略、财务目标和业绩目标，对快速变化的市场环境和新兴机会做出更快的回应，并且可以用股票期权吸引并留住那些因缺乏真正物质激励而可能离开公司的优秀人才，激发组织内部的活力。

2. "小而全"的闭环

科层制组织最大的问题是"部门墙"，阻碍企业内部的横向沟通协调，降低企业效率。因此，在敏捷组织的运作机制中强调以企业价值产出为导向的相关业务功能进行"小而全"的闭环，以减少跨部门协调对效率的损耗。通过闭环做到使命必达，速度敏捷。其中的"小"指的是以某一业务场景或客户类别为核心，如企业面向的客户有餐饮行业的、旅游行业的、教育行业的，还有面向高端收入人群的、中等收入人群的，那么这个"小"组织指的就是以某一行业的某一类人群，如餐饮行业的中等收入人群为目标客户群而设定的业务敏捷团队。

"全"指的是为了满足该目标客户群，企业价值链中有哪些功能需要发挥价值，将这些紧密相关、不可或缺的功能集成起来，就是"全"闭环。以华为"铁三角"组织为例，华为为了快速响应市场的需求，将过去分别独立的三个功能——客户经理、解决方案专家、交付专家进行集成。三者形成一个敏捷项目小组，针对不同的行业、不同的客户类别，提供端到端的一体化解决方案，并且内部的考核都是一致的，小组的业绩就是每个功能的业绩，让其形成一个整体，而不像过去一样，在横向条线中彼此争夺资源。

3. "两个比萨"原则

在亚马逊早期，杰夫·贝佐斯制定了一个规则：每个内部团队都应该足够小，两个比萨就能解决团队伙食问题。这并不是要削减餐饮开支，就像亚马逊做的几乎所有事情一样，它专注于两个目标：效率和可扩展性。

企业的管理复杂度来自两个方面，一是业务的复杂度；二是人员管理的复杂度。这两者都会影响企业的效益产出，特别是当企业规模越来越大，人员规模也逐渐变大时，常常会出现人浮于事的现象。此时企业就需要考虑对业务团队进行拆分。一个较小的团队花在管理和让员工了解最新情况上的时间会更少，花在需要做的事情上的时间就更多。

Supercell 是一家 2010 年才成立的游戏公司。2016 年 Supercell 的营收超过 23 亿美元，利润为 10 亿美元，日活跃用户数超过 1 亿人。2016 年，腾讯花 86 亿美元将其收购，而当时员工总人数还不超过 200 人。在一次采访中，Supercell 大中华区总经理吉姆也聊到了他们的开发哲学："小团队、独立性是我们开发游戏的关键。"

Supercell 有很多"细胞"团队，团队规模都保持在 10 人左右。每个团队都能自主决定要开发什么样的游戏，是否要面向市场发布。那些侥幸活过原型阶段的游戏，会先登录加拿大等个别国家进行测试，再基于数据表现与玩家反馈，决定它是下架关服，还是在验证玩法可行之后继而推向全球市场。在 Supercell，只有两类人掌握权力：游戏研发时是开发团队，上线运营后是玩家。决定游戏生死的，不再是公司 CEO 或管理层。

随着产品在市场上的业务规模越来越大，团队规模也会增大，Supercell 会强制要求大团队裂变成小团队，让单个团队规模始终都保持在 10 人左右。

4. 外部链接

对于大部分企业而言，纯粹的掠夺式竞争时代已经结束。过去，企业在竞争中获胜，将获取更多的市场份额、最低的成本及最高的利润，但在激烈的长期竞争中会耗尽企业的财务和人力资源，使其无力应付下一波的竞争和创新。

在敏捷时代，企业应当通过合作而非掠夺的方式展开竞争，与竞争对手或上下游产业链的企业选择性地分享和交换控制权、成本、资本、市场机会、信息及技术，加强外部链接。例如，华为与全球的各大院校、实验室及研究机构建立外部链接，支持其研发，获取相关技术授权。在技术专利方面，华为与全球的行业伙伴进行交叉授权，分享其成果，彼此发挥所长，获取彼此的优势资源，增强企业的核心竞争力。

外部链接包括合资、正式的合作伙伴关系、连锁经营、研究协会等各种形式。无论具体形式如何，外部网络都将竞争冲突转变成若干互相合作的企业之间的竞争。这种外部链接的形式依靠横向沟通而非纵向联系进行协调，产生了与众不同的权力和市场关系，是敏捷组织重要的运作机制之一。

Chapter 3 第三章

敏捷组织开发的六个盒子

随着市场不确定性的增强,业务边界越来越模糊,企业竞争格局越来越复杂,如何打造高效的工作模式,让员工更有激情和主观能动性,促进跨部门协同,推动业务创新突破,需要新的组织形态来支撑。

阿里巴巴"大中台+小前端"的组织运作模式就像美军的"特种部队（小前端）+航空母舰（大中台）"，使得管理更加高效，组织运作效率更高，业务更加敏捷灵活。"大中台"的设置就是为了提炼各个业务条线的共性需求，并将这些打造成组件化的资源包，然后以接口的形式提供给前台各业务部门使用，可以使产品在更新迭代、创新拓展的过程中研发更灵活，业务更敏捷，最大限度地减少"重复造轮子"的KPI项目。

前台要做什么业务、需要什么资源可以直接同公共服务部要。搜索、共享组件、数据技术等模块不需要每次去改动底层进行研发，而是在底层不变动的情况下，在更丰富灵活的"大中台"基础上获取支持。让"小前端"更加灵活敏捷，让每个新的前台业务创新能够真正"站在阿里巴巴这个巨人的肩膀上"，而不用每次开辟一个新业务都像新建一家创业公司那么艰难。

荷兰ING银行通过敏捷组织开发实现了管理层级扁平化，将原有6个层级、30多个独立部门、近3 500名员工缩减为3个层级、13个敏捷部落和2 500名员工。在新的敏捷组织和工作机制下，产品上线周期从每年2~3次缩短到2~3周一次，员工效率提高30%，客户净推荐值大幅提升，客户参与程度大幅提高。

无论是互联网企业的快速迭代、单点突破，还是领先传统银行的敏捷试水，都凸显了快速的市场反应和灵活的组织形式对于企业的重要性。敏捷组织开发突破惯性思维，在严密的组织系统内，梳理纵向条线隔阂，打通横向关节，为业务运营提供了新的思路和方法。

如何在企业进行敏捷组织开发？需要围绕如图 3-1 所示的六个盒子展开。

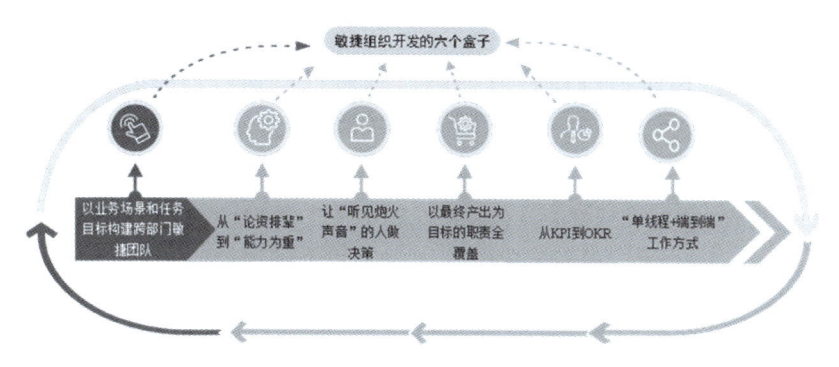

图 3-1　敏捷组织开发的六个盒子

以业务场景和任务目标构建跨部门敏捷团队

构建以业务场景和任务目标为导向的跨部门敏捷团队，可以从以下三个方面着手。

1. 打破"部门墙"

随着业务的发展、规模的扩张，企业"部门墙"越来越多、越来越厚，资源协调、配置也越发艰难，这就需要打破部门边界，塑造"无边界组织"。

> 杰克·韦尔奇在就任通用电气 CEO 时提出，每个业务部门都要在行业内做到第一或第二，如果哪个业务部门做不到，就要被整顿、关闭或出售。韦尔奇提出此战略的实现路径是通过兼并、抛售、裁员和扁平化来强化公司保留下来的每个业务部

门的竞争力。同时,韦尔奇还实施业务多元化,从制造行业延伸到高科技行业和服务行业。

如此跨度大的业务布局,给公司带来了巨大的挑战。"人们似乎总是愿意在自己和他人之间设立层级和隔墙……这些隔墙约束了人的行动,遏制了创造力,浪费了时间,限制了视野,扼杀了梦想,更重要的是降低了效率……我们所面临的挑战是削弱并最终摧毁挡在我们之间以及我们与外部世界之间的这些隔墙和障碍。"这是韦尔奇在一次致股东年报中提到的。

在20世纪90年代,韦尔奇采取了一系列措施,减少通用电气的边界带来的负面效应,打造"无边界组织"。例如,通过构建以业务场景为导向的跨部门团队、群策群力和市镇会议减少垂直边界;通过流程改进、市场快速反应以及六西格玛改善水平边界,通过最佳实践学习和使客户成为赢家减少外部边界。通过这些举措,韦尔奇把通用电气从一个充斥官僚作风的公司转变为一个具备"速度、简单、自信"的公司,为员工发挥创意和贡献价值创造了有利环境,把通用电气建成了全球最有价值的公司,他本人也被誉为"世纪CEO"。

2. 跨职能闭环

要在今天的竞争环境中胜出,企业必须减少不必要的垂直边界,紧密围绕业务场景和任务目标,不以职能为中心来构建工作模式,而是通过梳理业务价值链,将业务价值链核心的功能提取出来,能跨职能闭环的就闭环,形成敏捷团队。

在平安银行,项目经理通过对关键业务流程进行梳理,明确项目需要的各类型人员，组建跨条线敏捷小组，且该敏捷小组成员在项目开展期间主要对项目经理负责。以图3-2中信用卡产品开发为例，将过程涉及的信用卡产品经理、IT需求规划师、IT开发分析专员、市场企划专员、品牌推广专员、风险专员、合规专员、计财专员、运营专员、行销专员及数据分析师等从各相关部门中调出，纳入跨职能敏捷小组。这种"横向—扁平"的敏捷组织不仅极大提升跨职能协同效率，还能在具体项目及交付目标之外碰撞跨界业务创新的火花。

3. 化小业务单元，裂变敏捷团队

随着企业经营环境越来越复杂，面对的业务场景和获客的渠道越来越多元，传统的科层制很难快速、高效、敏捷地响应市场需求，这就要求企业以不同的业务场景为核心，把主要的业务功能进行闭环，裂变成多个跨职能的敏捷团队，更加聚焦、专业、快速地满足市场需求。

> 国内某知名科技金融公司进行敏捷组织开发时，把过去按照职能划分的运营中心（市场、渠道合作、运营、客户体验、信贷产品、互联网产品、BI数据）转型为"以获客场景为导向的敏捷组织"。首先，纵向将客户进行分层：头部客户、腰部客户与尾部客户；其次，横向按照获客的场景进行划分：旅游、餐饮、教育、超市、4S店等；最后，将横纵向进行组合排列，裂变成不同的获客小组，并且将过去的职能在获客小组进行业务闭环（见图3-3）。

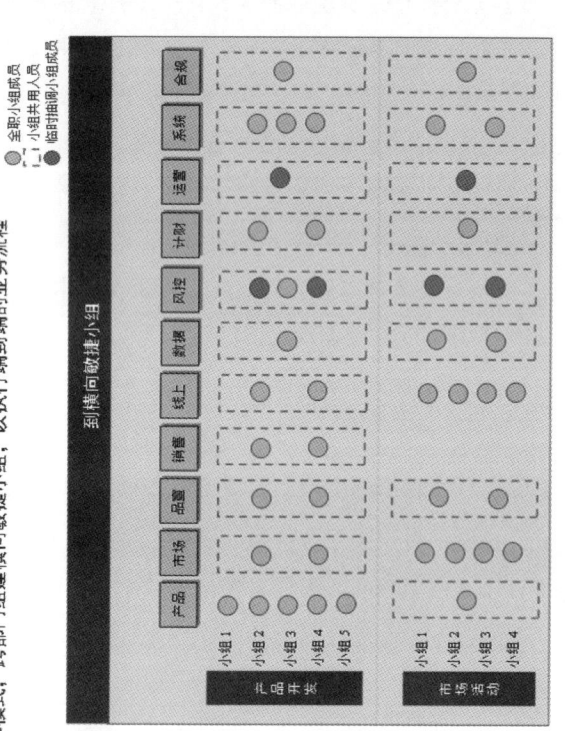

图 3-2　跨职能敏捷小组

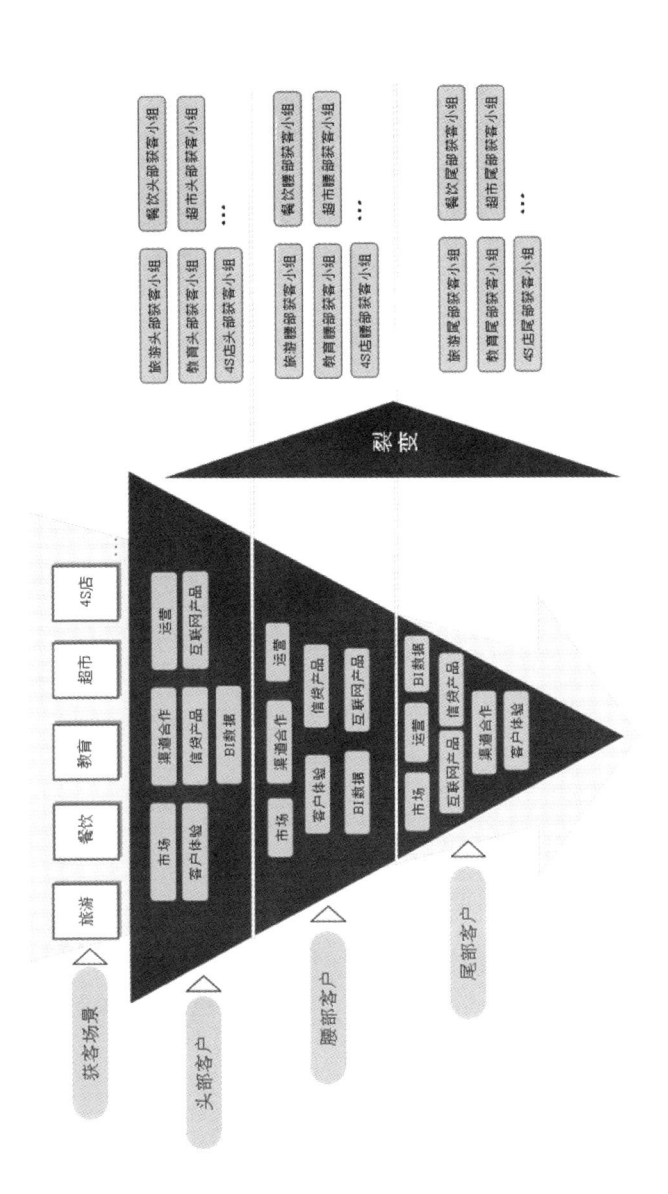

图 3-3 以业务场景为导向的敏捷团队裂变

> 以业务场景为导向的敏捷组织开发，使该公司：组织更加扁平化；内部协同效率更加高效；与客户的接触点更加密集；小业务单元决策更加快速，高效整合内部资源，响应客户需求；增强了客户体验。该公司通过敏捷组织开发，由过去的四个管理层级压缩到三个，人员规模压缩了1 000人，但内部的人才密度更高了；获客数量在半年内增长了50%以上。

从"论资排辈"到"能力为重"

在科层制组织中，组织关系强调的是管控，追求的是组织稳定性，这样就容易造成年长且经验丰富的员工容易获得更多信任而担任要职，管理层领导的任命往往体现了论资排辈的惯性思维。这势必会打击有能力的年青一代员工的积极性，不能充分发挥其潜能，施展其价值，更可怕的是会影响企业的"人才造血功能"。

敏捷组织的特征是以业务场景为导向、化小业务单元、跨职能闭环，组织关系强调的是耦合，需要管理干部具有更快速的应变能力、学习能力、整合资源能力及开拓突破能力。敏捷组织转型打破了传统科层制的限制，冲破了陈旧思维的束缚，将业务能力扎实、管理能力突出的员工安排到管理者的角色，真正做到"能者尽其才，岗位不设限"。

企业在敏捷组织转型过程中，该如何做到"以能力为重"呢？

1. 建立灵活的人才选拔机制

建立灵活的人才选拔机制需要设立清晰的岗位任职资格和晋升标准、客观严谨的人才盘点程序以及能上能下的公平竞争机制。

> 在华为，每个员工通过努力工作以及在工作中增长的才干，都可能获得职务或任职资格的晋升。与此相对应，华为保留职务上的公平竞争机制，坚决推行能上能下的干部制度。华为不拘泥于资历与级别，按公司组织目标与事业机会的要求，依据制度甄别程序，对有突出才干和突出贡献者实现破格晋升。

2. 接班人计划要可持续

通过建立各层级的接班人计划，打破员工职业发展的瓶颈，激活有热情、有动力、有想法、有能力的员工追求更加卓越的自己，并且将接班人计划规范化、制度化。

> 2013年，马云辞任阿里巴巴集团CEO并将接力棒交给陆兆禧时曾表示："互联网是年轻人的天下，今年，阿里巴巴绝大多数生于20世纪60年代的领导者将退出管理执行角色，我们将把领导责任交给70后、80后的同事们。因为我们相信他们比我们更懂得未来，更有能力创造明天。能给他们提供更多、更大的舞台是我们的责任，更是我们的荣幸。"据悉，目前在阿里巴巴所有管理者中，80后管理者占比过半，达到52%，70后管理者占比达45%，同时阿里巴巴集团还拥有数万名90后员工。

3. 不拘一格降人才

通过设置灵活的人才管理制度，可以有效地调动全员，尤其是基层员工的积极性，充分挖掘"民间能手"。与此同时，"不拘一格降人才"的做法将激活企业文化，提升品牌竞争力，吸引更多优秀的员工加入进来，增强组织活力。

> 腾讯、小米在中高层的年龄阶段上设定比例，明确70后、80后以及90后在各管理层级的占比；在人才梯队发展项目上，开展针对80后、90后的特定训练营，从特定人才发展项目中定向挖掘优秀人才，并且有相关人才晋升保障或"直通车"措施，确保有能力的年青一代员工能有机会冒出头，还能有机会在更高的职位上坐得稳、做得好。

让"听见炮火声音"的人做决策

决策是一个复杂的思维过程：确认并了解争议、问题和机会；比较不同来源的资料以得出结论；使用有效方法选择行动或制订适宜的解决方案；采取与可取得的事实资料、限制和可能结果的一致行动。我们通常认为，决策的制定有两种途径：要么使用职位赋予的权力（总需要有人发号施令，虽然多数人会失望，但至少事情完成了）；要么通过达成共识（每个人都有发言权，但经常慢得令人沮丧，或者由于无法达成共识而不了了之）。在敏捷时代，组织该如何决策呢？

1. 重新定义组织功能

在传统组织中，由于内部信息流转节点过多，信息不能及时传递到决策层，并且信息的处理、论证及决策链条过长，影响了整个决策的效率，使得企业不能快速、敏捷地应对市场变化。企业在敏捷组织转型过程中，一个很重要的目标就是让一线业务部门能够灵活响应市场变化，高效决策，快速整合资源，推动策略落地。

让"听见炮火声音"的人做决策，企业需要：尽可能减少流程控制节点；该集中决策的集中决策，不该集中决策的授权给各个节点；前中后的功能要进行重新定位。前台对业务最终产出负责，要把与业务产出的相关决策授权下去，做到"利出一孔，力出一孔"；中台要做好资源协调与运营服务，快速响应前台业务需求；后台要把握好大方向，定好战略、奖惩规则、资源配置原则以及做好监督检查。

> 华为曾在经历持续的高速发展后，也面临总部机关不了解前线，拥有太多的权力与资源，为了控制运营的风险，自然而然地设置了许多流程控制点，而且不愿意授权。过多的流程控制点，降低了运行效率，增加了运作成本，滋生了官僚主义及教条主义。因此，华为总裁任正非提出"谁来呼唤炮火，应该让听得见炮声的人来做决策"。基层作战单元在授权范围内，有权力直接呼唤炮火，当然炮火也是有成本的，谁呼唤了炮火，

> 谁就要承担呼唤的责任和炮火的成本，这就是权责利对等；后方变成系统支持力量，及时有效提供支持与服务以及分析监控；总部各中心做好规则设定、监督检查以及提供解决方案优化建议，为前方做好支持与服务。前方要准确清晰地提出并输入需求，后方要能清楚准确理解前方的需求，按需支持。只要前方的需求没有发生变动，所有的协调工作，后台自行完成。前方需求变了，也要及时传达给后方。

2. 数据即决策

在数字化时代，随着互联网、人工智能、大数据的发展，企业的经营决策将围绕数据来展开，数据将越来越集约化，预示着数据传递节点越来越少，信息更加充分高效地在组织内部流转，一线比过去更加快速、高效地掌握更加全面、科学的数据，促使让"听见炮火声音"的人做决策。

> 谷歌通过以数据为核心做决策，中高层管理者尽量少做决策，并且营造开放、安全的氛围，鼓励员工达成共识，自行决策来去掉职位、权威对决策的影响，将决策权下放一线。

以最终产出为目标的职责全覆盖

在敏捷组织中，各职能部门由仅参与自身相关业务环节转变为敏捷业务单元共同负责项目的"端到端"流程推进及最终交付。

激励敏捷业务单元成员跳出狭隘的职能范围及 KPI 限制,以最终产出为目标,实现团队高效协同合作。

1. 整合强关联性业务

在业务多元化或产品多样化的企业中,可以通过分析业务之间、产品之间的关联性,主要围绕产出价值、客户及资源共用三个层面展开,将具有很强关联性的业务或产品形成组合,打破原有业务或产品的界线,形成以最终产出为目标的职责全覆盖。

> 平安银行在一项跨部门的新业务模式设计和开发的实践中,通过敏捷工作机制,将近 20 个彼此分立的核心系统团队"融为一体",并以业务子功能开发为导向共担小组责任和目标,显著提升了协作效率。平安银行在敏捷组织转型之前,在前端行销、零售终端、对公平台三大平台下有近 20 个系统彼此无关联,分离式运作,但其面向的客户很多都是重叠的。在客户端界面上,没有达到单客户挖掘更多商业价值的目的,相反,降低了客户的体验感,浪费了客户与企业内部的优势资源。针对这些问题,平安银行重新梳理企业内部各业务的流程、节点及资源,将关联性强的系统进行重新排列组合,开发新的功能,减少客户界面的流程,提高市场端的快速反应能力,为客户提供一体化的解决方案(见图 3-4)。

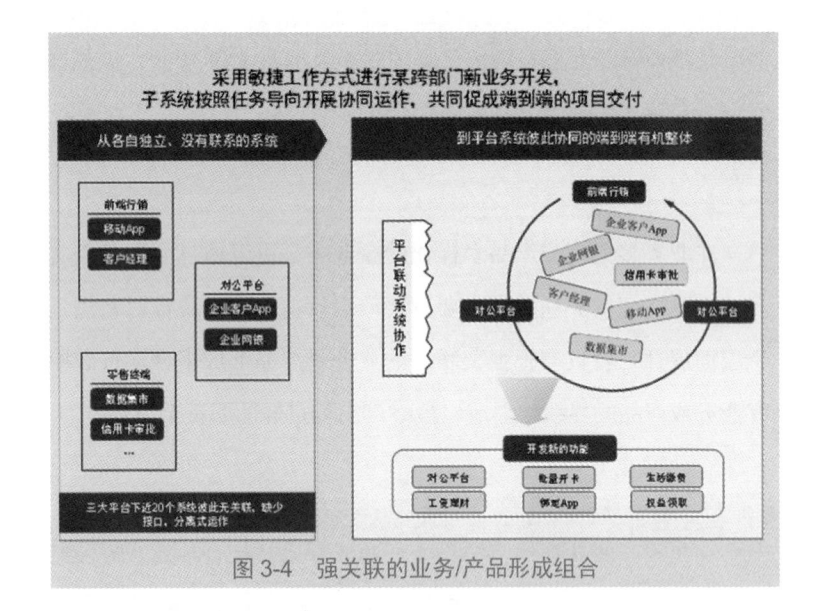

图 3-4 强关联的业务/产品形成组合

2. 从垂直管控到横向职能整合

在单业务、不同客户分层、渠道多元化的企业，要以客户为核心，按照客户价值产出的影响程度把相关功能聚合起来，重构业务流程与组织管理形态，真正做到让每个业务功能、每个岗位都以最终产出为目标。

以国内某知名科技金融公司咨询项目为例。在敏捷组织转型之前，该公司客户运营事业部由额度管理部、产品经营部、客户价值及分层部、核心账户及额度体系建设部四大功能部门组成，这四大部门都是按照垂直管控模式来向下管理。当产品经营部要推动线上产品的上线开发时，就需要额度管理部与核心账户及额度体系建设部的支持，一旦额度管理部、核心账户及额度体系建设部有本职重点工作要推进，不一定能分配精力与资源来支持产品经营部的新产品开发与上线。作为独立的功能与部门，势必要在完成部门 KPI 与主体职责情况下，才能更好地支撑其他部门的工作。这就造成了部门墙，增加了企业内耗，效率变得低下，影响了效益产出。

那如何推倒部门墙，增加协同，让每个岗位都以最终产出为目标，在每个节点进行职责全覆盖呢？横向将客户运营事业部需要发挥的功能分成项目运营与项目支撑，纵向按照业务场景分为头部客户、腰部客户、尾部客户，再把之前的四大部门的功能进行排列组合，分别纳入三大业务场景，形成头部客户运营部、腰部客户运营部、尾部客户运营部（见图 3-5），并且对其全流程考核。这样，所有岗位都以最终产出为目标，在每个节点进行职责全覆盖，而不是只关注自己的"一亩三分地"。

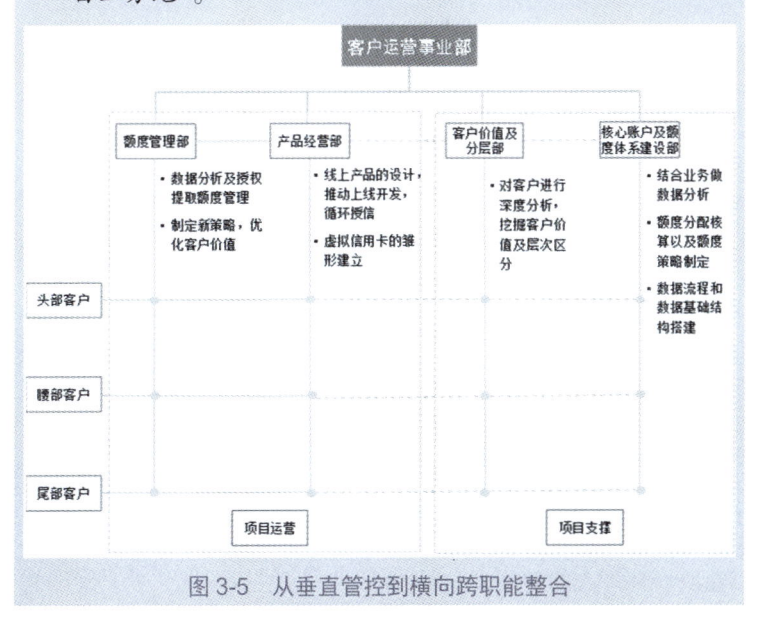

图 3-5　从垂直管控到横向跨职能整合

从 KPI 到 OKR

来自各职能部门的员工从专注于各自领域的绩效考核指标（传统 KPI），转变为以敏捷小组团队为单位、基于项目整体目标和完成情况的考核体系（产品开发周期、项目成功落地、销售指标完成等），即 OKR 的管理体系。

1. KPI 效用渐弱

KPI 是通过对组织内部流程的输入端、输出端的关键参数进行设置、取样、计算、分析，衡量流程绩效的一种目标式量化管理指标，是把企业战略目标分解为可操作的工作目标的工具，是企业绩效管理的基础。

KPI 的分解是从战略目标分解而来的，随着市场不确定性增强、跨界竞争格局频现等因素的变化，战略目标也需要及时调整，势必造成 KPI 的指标需要阶段性进行回顾，对评估的效用与权威性带来损耗。KPI 可以使部门主管明确部门的主要责任，并以此为基础，明确部门人员的业绩衡量指标。建立明确的、切实可行的 KPI 体系，是做好绩效管理的关键。KPI 强调的是从企业战略目标到部门目标再到岗位目标，层层分解，这就在组织内部天然设置了一个屏障——大家唯 KPI 论，与 KPI 相关的工作，努力做；与 KPI 不相关的工作，高高挂起，影响了个体价值的充分发挥，增加了内耗，不利于企业追求更高的价值。

2. OKR 激发工作活力

OKR 管理体系发源于英特尔，在谷歌、推特等互联网、高科技企业演化。OKR 又称目标与关键成果，它不仅仅是一个目标管理工具，其更大、更明显的作用在于指引领导者与团队成员设定更具挑战性的目标，追求更大影响与贡献，最终实现企业的卓越管理。这与敏捷组织的管理理念一脉相承，都充分体现了美国麻省理工学院教授、行为科学家麦格雷戈于 1957 年提出的 Y 理论——人生来并不一定厌恶工作，要求工作是人的本能；在适当的条件下，人们能够承担责任，而且多数人愿意对工作负责，并有创造才能和主动精神；个人追求与组织的需要并不矛盾，并非必然对组织的目标产生抵触和消极态度。只要管理适当，人们能够把个人目标与组织目标统一起来；人对于自己所参与的工作，能够实行自我管理和自我指挥；在现代工业条件下，通常人的潜力只发挥了一部分。

OKR 要求管理者根据每个人的爱好和特长，安排具有吸引力的工作，发挥其主动性和创造性；同时要重视人的主动特征，把责任最大限度地交给每个人，相信他们能自觉完成工作任务。外部控制、操纵、说服、奖罚，不是促使人们努力工作的唯一办法，应该通过启发与辅导，对每个工作人员予以信任，发挥每个人的主观能动作用，从而实现组织管理目标。谷歌、领英等知名企业在管理思维与组织文化方面有许多共同点：组织层面重视员工，营造"好"的企业文化，同时追求卓越绩效，并尽力追求组织层面的贡献和影响力。

3. 敏捷组织 OKR 制定五步法

敏捷组织 OKR 的制定，一般需要以下五个步骤。

（1）根据敏捷小组的最终目标产出，创建 1~3 个具有挑战的 KR。

（2）把 OKR 提案提交给敏捷小组，通过研讨会对 KR 进行修订，并且共识 KR 评分办法。

（3）同其他敏捷小组面对面讨论，并就关联性达成一致，进一步修订 KR。

（4）将修订的 KR 提交给决策与资源配置部门，并且与其明确最终产出的周期、成果。

（5）将 OKR 发布，让敏捷小组内部成员及相关联的敏捷小组成员知悉，便于项目进程中的协同支持。

"单线程+端到端"工作方式

1. 多线程向单线程工作方式转变

敏捷组织开发带来的一项关键转变，就是由各职能部门人员同时负责多项业务，转变为敏捷小组全职投入"端到端"项目交付。员工从传统工作模式下的被动接受任务转变为敏捷组织下的主动参与计划、设计和实施。

以金融行业的风险控制为例。传统组织下的风险控制功能更多的是后置，即新的金融产品推出，虽已经过产品创意、产品功能设计、产品功能验证及系统开发等流程，但最后风险控制合规过不了，新的金融产品还是不能推向市场。这种功能设置一定意义上控制了风险，但降低了新产品的推出效率。因此，平安银行在开展敏捷组织开发时，将类似风险控制合规、财务测算、研发、人力资源等职能部门的相关功能嵌入敏捷单元里，将其闭环，让敏捷单元成员全程参与到项目开发工作中（见图 3-6），逐渐摆脱"完成任务"心态，转而不断自我检视、突破，针对项目交付目标提出各种改进可能及解决思路，责任意识和积极性都得到了明显的提升。

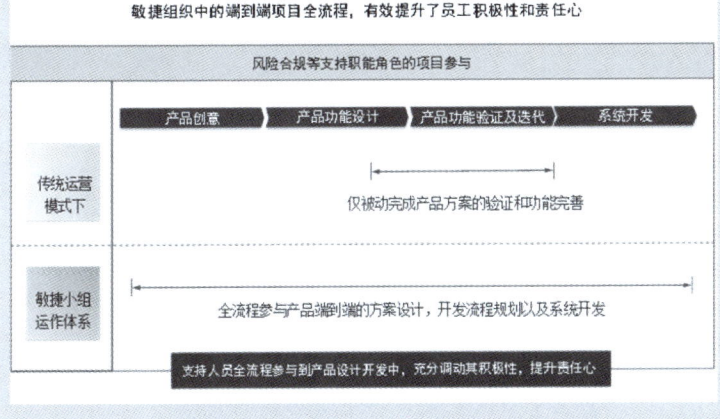

图 3-6 "多线程向单线程工作方式转变

2. 聚焦核心功能

敏捷组织开发的端到端功能设置，让员工从同时支持多个具体客户群、产品或场景项目工作转变为根据敏捷单元的产出来设定工作的优先次序及资源分配，明确定义敏捷单元人员的时间投入和交付节点，利于对业务场景、目标产出及功能职责的聚焦，可极大提升工作效率。

> 以国内某知名上市公司的研发中心敏捷组织开发项目为例，在研发中心敏捷转型之前，内部需要同时面对多个业务场景、多个不同的任务产出目标，这就要求员工具有更加综合的专业能力及复杂的项目管理能力。但是该企业"研发+管理"综合型的人才密度不够，产品开发速度太慢，产品开发质量也不过关，严重影响了业务的开展。通过组织诊断，围绕敏捷组织的典型特征及业务发展的诉求进行综合分析，决定将研发中心拆分为业务研发、技术应用研发及基础架构研发三大功能，其中将业务研发嵌入各业务场景的敏捷单元里，让业务单元对其进行考核，总部研发中心进行技术指导。这样，由过去的业务部门提报研发需求到与业务部门一起研讨、探索、确定研发需求，形成了"业务—研发—产品"一体化的快速产品开发体系，提高了产品开发、迭代的速度。

第二篇

人才进化：重塑组织行为方式

　　管理者的首要任务已有了新的定义，不再是制度化控制，而是嵌入式信任；不再是维持现状，而是领导变革。他们不再是战略设计者，而是企业目标的设定者。

　　管理者不再摆弄那些代表企业正式结构的条条框框，而是专注于建立核心的组织流程，将先前那种制度下被挟持在前线单元的创业者解放出来，整合这些单元的资源与能力，创造资源与知识的全新组合；创建一个大环境，推动整个组织持续不断地追求新的价值创造。管理者从制度建立者转变成人员开发者，帮助企业中的每个人做到最好。

——苏曼特拉·戈沙尔

Chapter 4

第四章

人才结构升级

通用电气的韦尔奇曾说:"没有对的人,就没有对的战略。"人才是保障战略制定和实施的关键因素。很多企业的带头人能以敏锐的判断找到新的商业机会并制定出相关的战略,但经常缺乏合适的人才实施战略,最终导致战略落地的效果大打折扣。

通常，我们在思考人才是否合适时会考虑两个因素：一是能力问题，团队的人员是否具备在专业领域和管理领域方面的相关知识、技能和特质；二是意愿问题，团队的人员是否全力以赴，并长期与组织一起发展。固然，能力和意愿对人才是否适配组织很重要，但是，在如今一切都追求快节奏的市场竞争环境下，企业还必须思考以下问题。

（1）企业的人才战略有没有紧贴业务价值的内核？在制定人才战略时，有没有深度理解业务价值？是从 HR 专业思维角度出发还是从创业家的思维角度出发？

（2）企业有没有形成良好的人才文化，让员工能快速适应组织的变化，促进自我成长，迭代升级？

（3）业务快节奏的调整，对人才结构的影响有哪些？现有的人才结构能不能跟上业务快节奏？有没有人力浪费现象？

（4）人才是否适配企业？除了知识、技能和意愿，还有哪些维度需要考虑？

（5）人才在组织内部的流动趋势是什么？给我们的业务带来了哪些影响？给我们的人才生态链带来了哪些变化？

（6）人才结构是否能支撑战略的发展？人才结构如何升级？

紧贴业务价值

在当今纷繁复杂的市场环境下，人才战略紧贴业务价值是企业在竞争中脱颖而出的关键因素。卓越企业能够有机协调不同价值间的冲突：既有战略眼光，又把控运营节奏；既培育集体精神，又激发个体价值实现；既能保持稳定，又促动更新迭代。处理好这三种张力，企业将实现高绩效。

道格拉斯·雷迪在解析贝莱德成功要素时提到，卓越企业的特征是目标明确、业绩至上、原则引领，卓越人才战略能支持甚至提升业务战略。那么卓越人才战略该如何打造呢？怎样让人才战略紧贴业务价值，适应业务变化？

1. 人才战略要适应业务快速变化

当今时代，一个最大的特点就是"快"。新技术层出不穷，新商业模式迭代更新，创新企业如雨后春笋般涌现。数字转型、人工智能革命、IoT万物互联，促使商业环境越来越"平"。在这样的环境下，已经很少有企业的战略能真正具有持续性的竞争优势，因为消费者和竞争对手变得越来越不可捉摸，行业边界变得越来越模糊，"跨界打劫"案例屡屡出现，过去那些成功的战略很快会失去竞争优势，企业现在需要的是"快战略"。

企业经营的"快战略"也意味着，当竞争优势逐渐消退时，企业需要更快速地度过生命周期，并且更频繁地在优势周期之间切换。当一家企业初创立的时候，企业要做的是快速发现机会，并调用资源抓住机会。在这个阶段，企业需要思维活跃、能创新的人才。企业抓住了行业机会，快速成长起来，开始进入上升期，商业收益变得越发重要。在这个阶段，企业需要能有效整合资源，并且如期将商业创意变成现实经营产出的人才。

如果企业比较幸运,业务经营获得利润,占据一定的市场份额,步入收获期,这将迫使竞争对手采取应对策略。在这个阶段,企业需要的是并购整合、决策分析与精细化运营的人才。为了保持持续的竞争优势,企业进入部署期。在这个阶段,企业需要有魄力改变商业模式和跨界整合不同资源的人才。当竞争优势消失时,企业不得不进入退出期。在这种情况下,企业需要集中优势资源投放到下一个竞争优势周期中。要更好地管控这一过程,企业需要真诚、果敢、有毅力及能做艰难决策的人才。

不难理解,无论企业的发展程度如何,经营处于什么阶段,企业发展的共同目标是要进入生命周期中的收获期。因此,不同的阶段需要不同技能和标准的人才,人才战略要能适应业务的快速变化。

2. 采取有效的人才管理策略

找到恰当的人才很重要,但是让合适的人才发挥所长更重要。

> 在贝莱德,为了保障人才的布局能够以业务价值为导向,让合适的人才在恰当的时机发挥所长,特设立了全球人力资本委员会(HCC)来负责制定公司人才管理政策与推动落地,HCC 包括 35 位来自不同业务单元和重要分支机构的资深直线领导者,其中只有一位成员来自 HR 部门。

贝莱德为了维护公司文化一致性，确保人才战略落地要紧贴业务价值，HCC采取了以下人才管理策略：

（1）人力资源规划与招聘。在贝莱德，人才招聘和人员规划一般由各业务单元负责，HCC主要参与雇主品牌建设。

（2）培育高绩效文化。员工敬业度和绩效由直线领导者负责，HCC则组织小组访谈，研究如何提升员工士气。HCC提高了员工考核标准，并将内部挖潜成效纳入管理者评价体系，从而改善优秀员工评估和晋升机制。

（3）培养领导力。评估领导者，除了看业绩，还要看其能否言传身教、践行公司基本原则。

（4）员工发展。HCC负责健全贝莱德的员工发展体系。公司领导者一直将拓展任务和培养下属视为人才管理的基石。在贝莱德，管理者要学会成为员工的导师和代理人，激发他们创造高绩效。随着职位上升，管理者有机会参与一系列培训计划，包括高绩效与团队合作、成效影响力、企业领导力等。

（5）人才评估与继任计划。贝莱德拥有全面的人才评估和选拔机制。"为客户利益团结协作是我们业务模式的基石，"贝莱德全球人才发展总监唐奈·格林说，"因此领导者人选事关重大。"HCC建立了人才评估标准，其中重要一项是，领导者必须具备合作精神。

重构人才生态

不管曾经多么成功的业务，迟早都会失去成长空间。面对这样残酷的现实，企业不得不周期性地对业务进行重塑，将业务从成熟的阶段跨越到下一个具有未来发展的阶段。企业要想跨越业务发展的周期陷阱，人才生态需要重构。

1. 及早改组高管团队

不同的管理者有不同的擅长点，在企业不同的发展阶段，所发挥的价值也不一样，要想跨越业务发展的周期陷阱，高管团队需要为创建未来差异化能力而做出变革。因此，企业要及早向管理层输送新鲜血液，并且不断对高管团队进行重组，让新的管理层带领企业向新的发展方向前进。

> 以英特尔高管团队演变历程为例，截至2018年年底，英特尔共历经6任正式CEO，依次是罗伯特·诺伊斯、戈登·摩尔、安迪·格罗夫、克雷格·贝瑞特、保罗·欧德宁、布莱恩·科兹安尼。从过去继任的CEO能够看出，英特尔不止一次地把眼光转向外部，寻找所需人才，并且整个猎聘的过程也是经过严密、细致部署展开的。大卫·约菲从1989年起就在英特尔的董事会任职，他说："我们一般都在换届前十年开始讨论高管团队的问题，以便认清缺口。"
>
> 英特尔变更高层管理者的目的，不单是寻找接班人，更重

要的是考虑业务变革。比如，1998年，更换安迪·格罗夫时，他仍是一个卓越的领导者，格罗夫离法定退休年龄65岁还有三年时间，完全可以履职完再退下来。但是，他及时让位于克雷格·贝瑞特，使得贝瑞特对业务进行变革获得了有利时机与资源支撑，最终，通过延展产品线，成功地促进了业务成长。

每任英特尔CEO都给企业留下了独特的印记。格罗夫大胆地做出了将公司业务从存储芯片向微处理器转移的决定，这个决定奠定了英特尔在全球高科技领域中的领先地位。自从欧德宁2005年开始掌舵，公司转向了Atom移动芯片的研发，这一成果已经被广泛使用在了几乎所有与网络连接的产品中，包括手机、导航系统，乃至能够下载图样的缝纫机上。

通过有序、严密的继任计划，英特尔确保的不仅是选择了下一任接班人，而是甄选了能够带领英特尔迈向更有未来的发展阶段的CEO。因此，当企业寻找新的业务方向，对组织进行变革，跨越发展陷阱时，需要及早为领导团队注入新鲜血液，让新上任的领导团队有充足的时间进行业务变革，而不要等到业务经营困难、利润下跌、现金流紧张、危机在即的时候再做打算。

2. 当下产出与长期规划的平衡

企业要想获得永续发展，必须确保团队保持对当下产出和长期规划的平衡。

2005年，Adobe收购了Macromedia。为了确保并购后公司实现年收入100亿美元的目标，Adobe需要重新规划、调整领导团队。时任CEO布鲁斯·奇曾严格考察了管理团队，他发现，基于未来业务发展的要求，Adobe原有许多高管既缺乏能力，又欠缺实现目标的动力。于是布鲁斯·奇曾从Macromedia的领导团队中选拔人才来担当重要职位，在高管人才配置上没有以Adobe为主，而以能者居上为原则，从Macromedia公司选拔了比Adobe更多的高层人才。这些决策都是基于Adobe对未来的发展要求，而不是看哪位高管能满足当时的能力需要。

为了打破长期主导的管理思路给企业经营带来的屏障，管理团队需要吸收新的思路，创造新的商业模式。但是，具体操作起来非常不易，这需要企业强大的决心与毅力，还有企业最高管理者的表率，并且形成机制。

阿里巴巴从1999年创始之日起，就提出未来的阿里巴巴必须有"良将如潮"的人才团队和迭代发展的接班人体系。

2018年9月10日，马云宣布一年后的今天，将卸任阿里巴巴董事局主席，现任阿里巴巴集团CEO张勇将接任董事局主席一职。他在致股东的公开信中提到，这是他"10年深思熟虑的结果"，"阿里巴巴完成了从依靠个人特质变成依靠组织机制、依靠人才、文化的企业制度升级"。

> 他在信中对未来接班人张勇是这样评价的："他具有超级计算机般的逻辑和思考能力，坚信使命、愿景，勇于担当，全情投入，敢于站在未来创新设计新型商业模式和形态。"这也充分表明了马云希望新的领导团队能够基于阿里巴巴未来的发展，放下过往的成就，打破固有的思维牢笼，重新出发。

3. 保证人才储备

企业经营发展不仅需要强有力的领导团队，更需要培养大量储备人才，为新的商业机会保障人才供给。高绩效企业往往培养大量人才，确保人才的供给超过目前业务所需，特别重视培养能够自主开展新业务的人才，而非守业人才。但遗憾的是，很多企业在发展顺利时一般都不会采取这种策略。就像图4-1所示，低绩效企业由于缺乏跨越曲线所需要的人才，业务陷入停滞，业务发展受限，也减少了对人才储备、培养资源的投入，进入恶性循环。中等绩效企业等到现有的业务接近巅峰时才着手人才发展，这很可能影响企业把握新商业机会的时机：人才结构是否能够快速地响应新商业机会的要求？管理团队是不是能够在新的商业模式下快速上手并取得成功？因此，应该向卓越绩效企业学习，储备富余数量的人才并且很早就着眼于下一个业务，以便管理者参与自我发展性业务，而不是只有在紧急需要时差遣他们。

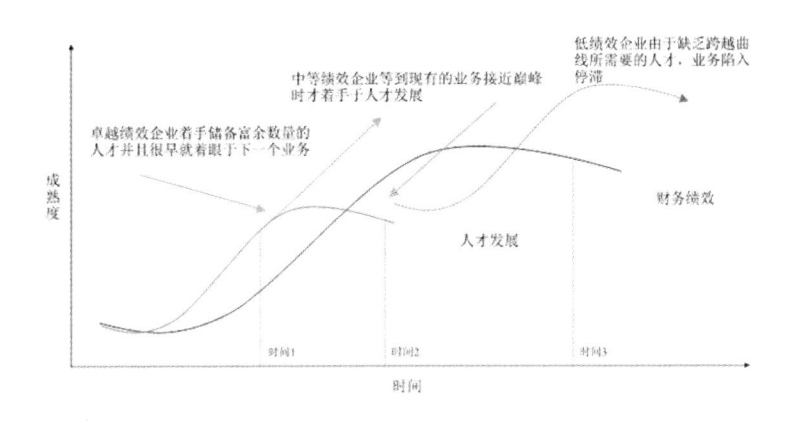

图 4-1 人才布局曲线

五维立体盘点人才

1. 人才盘点推进路线

人才战略支撑业务战略的落地，是企业经营必不可少的优先战略之一。人才战略的落实需要科学的人才管理机制来推进，其中人才盘点体系的搭建显得尤为重要。人才盘点是指以企业经营目标为导向，对人力资源状况摸底调查，通过绩效、能力等方面的评估，盘点出员工的总体绩效状况、优势及待提升的方面。人才盘点的目标是打造组织核心竞争力，为达成该目标，对组织的运行效率、人才的数量和质量进行盘点，并就组织发展、关键岗位的招聘、关键岗位的继任计划，以及关键人才的发展和保留做出决策。

那么企业在遇到哪些问题时应该考虑人才盘点：

（1）人才供应不能满足业务快速发展。

（2）严重依赖外部人才供给。

（3）部分岗位任职成果率低。

（4）人才队伍臃肿亟待优化。

（5）关键人才流失严重。

有效推进人才盘点，需要遵循表 4-1 所示的四个步骤。

表 4-1　人才盘点推进路线

人才盘点操作流程	第一步： 确定人才需求	第二步： 评估/盘点人才	第三步： 落实人才盘点计划	第四步： 回顾与评估
目标	确定人才需求，实施组织盘点	评估/盘点人才	从组织和个人层面落实人才盘点计划	人才盘点计划实施的质量评估
内容	1. 理解组织战略，明确战略举措 2. 优化组织架构 3. 识别关键岗位 4. 确定人才需求 产出： 1. 当前和建议的组织架构 2. 针对战略举措，确定关键岗位需求	1. 评估/盘点人才（当前的业绩和能力、未来的潜力和过往的岗位工作经验、关键职业经历、离职风险等） 2. 确定关键岗位的继任计划 产出： 人才盘点档案、排名、继任计划、个人发展计划、晋升、人员招聘需求及候选人清单、其他人才管理决策	个人计划： 1. 上级反馈，改进个人发展计划 2. 应用 7-2-1 原则修订发展计划 组织计划： 1. 组织架构重组 2. 人才发展 3. 绩效管理 4. 人才招聘 5. 晋升、激励及认可 产出： 个人发展计划、组织人才盘点行动计划	1. 人才盘点计划实施的质量评估 2. 定期回顾实施 3. 人力资源规划制定 产出： 人力资源规划
盘点者	业务领导、HR	业务领导、HR	业务领导、员工、HR	员工、业务领导、HR

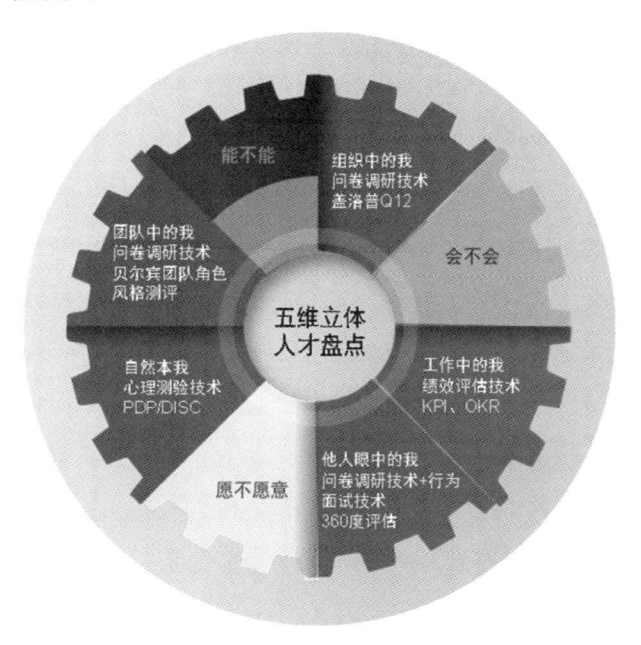

2. 五维立体人才盘点模型

五维立体人才盘点模型将人在企业中的角色分为五种：自然本我、工作中的我、他人眼中的我、团队中的我、组织中的我。这五种角色又可以对应杨国安教授的"组织杨三角"：员工会不会主要对应工作中的我和他人眼中的我；员工愿不愿意主要对应自然本我和团队中的我；员工能不能主要对应组织中的我（见图4-2）。那五种角色该如何进行评估呢？应用哪些工具才能更加有效地评估五种角色？只有对五种角色进行综合评估，才算比较完整的评估系统。

图4-2 五维立体人才盘点模型

> "组织杨三角"指的是，企业能否取得持续成功，除了战略方向明确，资源配置合理，还需要强大的组织能力承接与落地，组织能力的打造要从三个维度展开：员工会不会达成工作目标，追求卓越的价值？员工愿不愿意坚持不懈地改进工作方式方法，达成更高的绩效？组织能不能提供足够的资源、条件与环境，让员工更好地发挥其价值？

（1）自然本我的测评主要采用心理测验技术，包括认知能力测验和个性测验。常见的认知能力包括图形推理、语言认知、数字推理和情景测试题等。认知能力测验是对思维品质的直接测量，对于中基层人才盘点很有必要。个性测验包括两大类：一类是类型学测验，如 PDP、DISC、MBTI 等，把人按行为风格特点进行分类；另一类是特质类测验，这些特质不是基于人的经验判断，而是通过统计方法计算得来的。常见的特质类测验如 OPQ、16pf、Hogan、动机测验等。这类心理测验的结果可以作为人才盘点的重要参考，但最好不要直接用于人才选拔。

（2）工作中的我测评主要采用绩效评估技术。这也几乎是所有企业在人才盘点时需要考量的很重要的维度。绩效评估常见的有两种方式：KPI 与 OKR。KPI 关注的是财务指标，默认工作完成情况对于财务结果有直接影响，考评偏重价值贡献，追求现实产出与经营效率。OKR 的关注点在于时刻提醒员工当前的任务是什么，有没有做好，而不是为了考核某个团队和成员；考评偏重事情成果，而不仅仅是价值贡献。一般来讲，绩效评估结果在人才盘点占比分值 30%以上。

（3）他人眼中的我、团队中的我、组织中的我测评主要采用问卷调研技术和行为面试技术。问卷调研技术主要应用于 360 度评估、组织士气度评估、团队角色风格测评等。行为面试技术主要包含行为事件面试技术与情景面试技术，行为事件面试技术的基本假设是用过去表现出来的行为预测其未来的行为表现；情景面试技术的基本假设是在一种假设的情景下，观察被评估者如何反应，从而对其未来的行为进行预测。其中他人眼中的我一般采用 360 度评估+行为面试访谈，团队中的我采用团队角色风格测评（如贝尔宾团队角色风格测评等），组织中的我采用组织士气度评估（如盖洛普 Q12、翰威特敬业度调研等）。

3．人才盘点的成功要素

（1）随着经营策略及时更新素质模型。有了清晰的业务策略才能够知道实现业务目标需要什么样的人才和组织。换个角度说，人才和组织的标准需要随着战略目标的变化而及时调整。这是成功实施人才盘点的前提。但是，现实是很多企业在构建素质模型时，要么有些是企业 HR 自己拍脑袋想出来的，要么是跟一些国际或者国内知名的咨询公司通过系统的传统建模的方式进行了大量行为事件面试访谈和资料研读形成的，还有些是一些人才管理公司通过建模卡片进行快速建模形成的。这些构建素质模型的方式最大的弊端就是企业高管、业务管理者参与深度不够，没有充分体现经营策略的要义。特别是随着企业经营策略的变化节奏加快，素质模型也需要定期更新，这就要求除了清晰的业务策略，还需要具备随着策略调整，及时构建、更新素质模型的能力。

（2）开放的组织文化。在人才盘点过程中，所有参与者都要评价别人，也要被别人评价，如果组织没有形成开放的文化，评价结果就不一定能真实客观地展现出来，人才盘点的结果将会偏离。

> 通用电气在人才盘点过程中，尽量保持开放、公开。1981年，当杰克·韦尔奇上任后，人们认为几乎没有人能够替代他的位置。18年后，通过6年的层层选拔，从200人到24人，从24人到8人，再到3人，最终伊梅尔特胜出，并成功带领通用电气蓬勃发展。通用电气通过CEO继任者的公开盘点、选拔，营造了组织开放的文化，起到了很好的表率作用。

（3）业务管理者的深度参与。企业高层的支持与投入是任何一个项目成功的起点，做得好的企业还成立了以高层管理团队为主的"人力资源规划委员会"，来推动人才盘点在企业的落地，这是特别值得赞赏的行为，也是人才盘点项目成功的重要基石。人才盘点项目要想获取成功，除了高层的投入与支持，还需要业务管理者的深度参与。业务管理者应该思考和践行：业务层面是否"位有其人，人适其位"；人员配置上有没有优先保证在战略性职位上配有高比例的人才,以便快速建立起创造预期价值所必需的战略能力;充分参与素质模型构建研讨、纠偏、成型全过程;积极配合 HR 部门,客观真实地反馈评估结果;推动人才盘点结果在业务单元的实际应用,培养发展人才梯队。

(4)人才盘点的持续性。很多企业当面临人才管理挑战的时候,会匆匆开展人才盘点项目,做完之后,觉得没有什么特别的突出成果,又会轻易放弃,之后不再启动人才盘点项目。企业管理者把人才盘点当成解决一切人才问题的"救命丹药",这种急功近利的心态本身就是组织面临的巨大隐患!人才盘点的价值除了能够甄别出更多有潜质的、可以发展的大量人才,更重要的是对管理者经营人才理念的一次洗礼。所以,这种科学的人才管理理念需要植入管理者的心智模式中去,需要持续性。

迭代人才策略

1. 优化人才密度

人才盘点的结果通常都会用人才发展九宫格区分出来,一目了然,便于人才决策,针对不同区间人才实施培养发展策略。除了人才发展九宫格,还有一个重要的分析维度——人才密度分析矩阵(见图 4-3)。人才密度分析矩阵的纵轴是人才饱和度,指的是满足业务/部门发展的人才数量是否充足;横轴是高潜人才供给,指的是给其他业务单元/部门输送的人才数量。

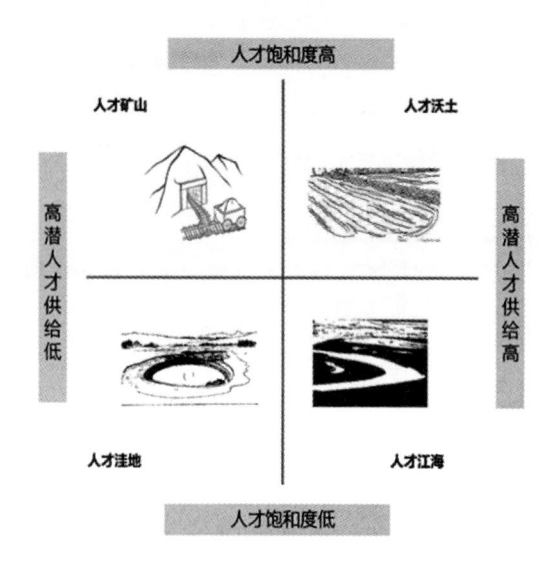

图 4-3　人才密度分析矩阵

纵横交叉形成四度空间，不同的空间对人才关注的侧重点也不一样，采取的人才策略也是有差异的。

（1）人才沃土：人才饱和度高+高潜人才供给高。在此区间的部门，除了本身具有足够数量的人才满足业务发展，还能输送更多的高潜人才，说明对人才的孵化、培养发展能力很强，应该给此区间的部门增加更多的编制人员，让其孵化出更多的人才，输送到其他部门去。

（2）人才矿山：人才饱和度高+高潜人才供给低。在此区间的部门，具有足够数量的人才满足业务发展，但是输送高潜人才很少，说明对人才培养、孵化的能力比较弱。因此，需要考虑加强对管理者的人才管理能力培养，建立人才梯队培养体系。

（3）人才洼地：人才饱和度低+高潜人才供给低。在此区间的部门，既没有足够数量的人才满足业务发展，输送高潜人才也很少。如果有核心的业务部门在此区间，首先，增加人员数量，增编满足业务发展；其次，建立梯队培养机制，加强人才孵化；最后，考量处于该区间的业务部门管理干部的能力水准是否能当重用。

（4）人才江海：人才饱和度低+高潜人才供给高。在此区间的部门，输出高潜人才还不错，但是满足自身业务发展的人才数量捉襟见肘。其实很多企业都会发生此现象，越是能孵化人才的部门，越是自身业务发展的人才稀缺，这充分说明了在此区间的部门强大的人才培养能力，企业应该给此区间的部门提供足够多的人才编制，最好是有部分人才冗余，让其培养出更多的高潜人才，为企业所用。

2. 聚焦横向跨职能人才流动

人才盘点的目的是找到更多高潜人才，并针对高潜人才制订发展计划。对于甄选出来的高潜人才，安排关键岗位的继任计划是非常重要的一步。

人才的流动也分为纵向流动和横向流动，纵向人才流动更多的是历练某单一的专业/业务能力，可以保障业务稳定发展。横向人才流动更多的是历练其解决复杂问题的能力及对多元业务的综合管理能力，可以激发组织活力。

2010年腾讯员工人数突破10 000人,随着组织规模的扩大,员工申请内部应聘的需求越来越多,同时公司在很多领域的业务高速发展,急需优质人才补充。

2012年,腾讯在年底启动了"活水计划",希望建立通畅的内部人才流动市场机制,且形成一种文化,既帮助员工在公司内自由地寻找发展机会,也快速支持公司重点产品和业务的人才需求,实现员工发展和企业战略的共赢。

2013年是腾讯"活水计划"实施的关键一年,项目组意识到内部人才市场不活跃是因为员工还存在各种顾虑,这些顾虑主要来自三个方面:首先,担心当前上司对内部应聘和转岗的看法,担心上司不同意甚至阻止自己转岗;其次,担心在内部应聘时招聘部门反馈冷淡,怕自己的应聘申请石沉大海;最后,担心转岗进入新部门后难以适应和融入。项目组决定发起一场变革,来推进人才的横向流动。

(1) 用活水文化培育市场机制:让管控思维彻底转变为基于用户需求的产品思维。推行初期,创作连载漫画《小T转岗计》来宣导文化;针对"内部应聘成功如何与当前上级沟通"的典型场景制定攻略,在论坛内部获得极高的关注量;两个多月高密度传播和文化引导,让员工认知活水概念。

(2) 用规则与平台保障市场机制:两个按钮的取消。原先,员工在内部人才市场平台单击【我要应聘】时,会出现两个按钮,左边按钮是【申请应聘并知会当前上级】,右边按钮是【申请应聘，暂不知会当前上级】，当面试官填写面试评价时，会被提醒让应聘者与当前上级沟通，才能进入下一步流程。这样的设计势必给员工带来很大的心理压力。经过活水文化的培育、宣贯，管理者也越来越开放，公司顺势将这两个按钮取消了。

（3）用信息透明促进市场机制：推出 linkshow，连接重点产品和内部人才。创建连接项目和人才的交流平台——linkshow；由一些产品或项目负责人报名参加，现场分享+全公司直播的方式分享产品发展理念和计划、团队氛围、员工成长等吸引感兴趣的员工加入；项目组每周向员工推送"内部招聘专案"邮件，吸引感兴趣的员工。

（4）关注员工声音，用敏捷优化呵护活水文化。对于员工提出的担忧或论坛上的吐槽，项目组将立即对活水IT平台进行升级。比如，推出移动端应聘入口，充分保护申请者的私密性；启动面试官及管理者的信息保密教育，并制定处罚机制。

自2013年起，"活水计划"已累计帮助5 400多名员工在内部寻找到新的发展机会，既有效地支持了重点业务的高速成长，也为公司培养了更多具有开阔视野和复合经验的人才。

人才有活水，组织有活力。"活水计划"成为腾讯长期坚持、不断深入的计划，让人才的良性流动快速支持公司业务高速发展，让员工持续保持激情与活力，促进腾讯不断创造出让用户惊喜的产品。

Chapter 5 第五章

领导力进化

从近年的企业统计数据来看,中国企业平均寿命只有 3.9 年。新创企业中会有接近 50% 在创建后的 5 年内倒闭。对应每家成功的企业,就有 N 家企业的破产,从国内"百团大战""共享出行大混战"就能看出,真正能够像美团、滴滴这样突围获得成功的,寥寥可数。鉴于 50% 的失败率,能够创建一家成功的创业型企业是一项伟大的成就,而要创建一家能够持续获得长期成功的企业则是一项更大的挑战。

能够持续获得长期成功的企业是指至少持续20年以上，经历了两代企业领导者仍能取得成功。国内获得长期成功的标杆企业有联想、万科、美的等，国外获得长期成功的范例有1878年成立的通用电气、1864年成立的喜力啤酒、1903年成立的福特汽车等，到现在这些企业都还是行业里面的领军者。企业获得长期成功虽然很难，但还是可以做到。

即便在10年这样较短的时间内，维持成功也不容易。2008—2018年，全球的公司按市值从高到低排列，排名靠前的上市公司都发生了巨大变化，除了埃克森美孚和微软还留在这份榜单上，其他公司统统不见了。

为什么有些企业可以长期持续增长（至少10年）而其他企业做不到？为什么有些企业的创始人和领导者能够与企业一起成长，而另一些企业的创始人和领导者随着企业规模扩大、经营复杂度增加却没能做出必要的改变？通过对国内外大量的长期持续增长企业的研究发现，这类持续成功型企业的创始人和领导者在以下领导力方面持续不断地进化。

探寻可能：从"分析事实"到"探寻未来"

企业经营需要尊重事实、分析事实，以事实为依据来制定相关业务策略。然而如今经营环境在剧烈变化，竞争边界越来越不清晰，企业经营战略调整频率也更高，企业想要持续成长，要从

"分析事实"转向"探寻未来"。

当企业领导者以发展的眼光、开放的心态去探寻未来时,就能发现并利用潜在的商机,而"分析事实"仅仅是解决阶段性面临的现实问题。如果企业领导者将目光聚焦于当下,不着眼于未来,企业将面临巨大的挑战与经营风险。

2000年前后,胶卷巨头柯达全球销售额达到历史最高峰,然而自2001年起,全球胶片业务便步入毁灭性下跌通道,市场份额每年都以25%左右的速度减少,直至消失殆尽。与此对应的是影像数码业务出现了"井喷式"增长。彼时,柯达为实现从传统影像向数码影像的战略转型目标,在传统业务体系改造和重组的基础上谋求新的业务增长,展开大规模收购。柯达于2007年前斥资25亿美元巨资并购6家数码印刷巨头,于2006年年末将旗下的医疗影像部门以23.5亿美元出售给加拿大的投资公司。

这种从过去业务成功的事实出发,没有脱离原有业务的范畴,未基于行业未来发展而采取的转型策略,很显然并不能给柯达带来新的突破与生机。

在经历了亏损、出售业务、裁员、并购扩张等一系列的煎熬和折腾后,柯达不仅消耗了资金,浪费了市场机会,也耗尽了华尔街对柯达的耐心。由于未能及时踏入数码时代的浪潮,有着132年历史的伊士曼·柯达公司于2012年1月申请破产保护,直到2013年9月,柯达完成重组并脱离破产保护后,精简业务，成为一家"小而专注"的商业图文印刷公司。

与柯达当初面临同样挑战与转型的同行莱卡，在对行业未来的探寻方面，思考深度更深，走得更远，决心更加坚决，没有沉浸在过去的成功中。

作为德国工业制造领域的世界级精英企业之一的莱卡较早抓住了行业变革的趋势，努力将自己从生产商为导向转型为以客户为导向的品牌制造商，把自己定位为高端技术奢侈消费品。它将传统技术与数码时代结合，成功地进行了多方面的转型与重组。莱卡在转型过程中，以开放的心态听取多方的声音，深度学习、理解行业的前沿动态与发展趋势，在探寻的过程中不断调整，坚定推行差异化战略，推动莱卡成功转型升级：品牌形象差异化—产品差异化—销售与服务差异化—营销策略差异化。

按莱卡近期公布的2017—2018年财务报告显示，莱卡2017—2018年共赚得4.17亿欧元，较去年同比增长5%。销售量已经连续五年增长。为了保持莱卡的品牌价值及产品的竞争力，莱卡会将年销售收入的12%用作产品研发及新技术的开发应用，其中包括调派50~60名工程师参与与华为合作的研发项目中，探寻未来更多的可能。

企业在探寻未来的过程中，有可能在一段时间里会感到迷茫甚至混沌，就像日本松下一样。松下株式会社社长津贺一宏说："以前只做家电时，松下很容易被理解，后来我们扩大到汽车等领域，开始提供丰富多元的解决方案，在各种应用场景展开业务，我不禁开始迷失。我经常扪心自问，松下到底是什么？松下存在的意义是什么？坦率来讲，我相当烦恼……"

> 松下起步于家电，发展于家电，成功于家电，但是松下没有停下探寻未来的脚步，持续发现更多可能的商机，并以"实现为每位用户进行量身定制的迭代升级"为本源，开展各种具有未来探索型的创新项目。
> 松下与摩拜在物联网电动自行车领域合作，物联网电动自行车允许用户使用智能手机解锁并记录骑行数据、使用 GPS 导航等，提高了安全性和可追溯性，并能灵活控制停车位置。
> 松下与中国知名餐饮企业海底捞合作设立科技公司，并推出"智慧餐厅"，研发的智能出菜技术被运用在历时三年打造的全球首家海底捞智慧火锅餐厅，并于 2018 年 10 月 28 日在北京中骏世界城正式营业。
> 松下与百度进行合作，参与百度在 2017 年 4 月发布的"阿波罗计划"。针对百度研发的自动驾驶技术，松下将研发并提供自动驾驶所需的摄像头及传感器、车载显示器等设备。
> 同时，松下还与中国两家权威的地产开发商合作搭积木式的"预制装配式住宅"项目等。

愿力：从"目标导向"到"愿景驱动"

有持续生命力的企业都拥有一个令人振奋的愿景，团队有传教士一般的激情。而一般绩效企业的团队只是雇佣兵，虽然有目标，但战斗力不一定可持续。企业愿景才是把一群志同道合的人聚集起来的源头，也是企业可持续发展的基石。

1. 展望未来

回顾那些历久不衰、持续成功的企业，在刚开始创业时，无不是为组织描绘了一个激动人心、富有吸引力的未来时刻——企业愿景。愿景是创造未来的力量。

在这个快速变化和不确定的时代，员工期望追随一个能够不断超越自我、创造更好未来的领导者。这样的领导者能够点燃员工的激情，能够让员工把企业愿景当成追求自我价值实现的一部分，能够为愿景做出自己的贡献。

> 阿里巴巴将自己的愿景定为"让天底下没有难做的生意"。以此为出发点，来思考企业的经营模式、生态链各利益主体的关系，构建一种新的商业生态，促进开放、透明、分享、责任的新商业文明。同时，以愿景为驱动，将其融入阿里巴巴的日常工作中去，成为全体阿里人共同的奋斗目标。员工能够将自己的工作与愿景产生链接，能够看到自己工作的价值与意义，能够激发工作的热情及坚持追求愿景的信念。

领导者必须花大量的时间思考未来，看到发展的趋势，深度地学习，倾听各种不同的声音，与大家讨论未来的发展，让员工知道企业走向哪里，这些都是领导者在将企业愿景植入员工心智模式中很重要的工作。

2. 感召他人

愿景是战略的前提，战略是企业之道。伟大的愿景需要好的人才去实现，如何感召更好的人才，并且能让其发挥价值显得尤其重要。前阿里巴巴副总裁、首席战略官曾鸣在一次演讲中说："如果有可能，人才超前配备肯定是有好处的，这个超前配备不是靠钱吸引来的，是靠使命和愿景吸引来的……使命、愿景、价值观的确是吸引人的关键。"

要让愿景能够激励人心，它必须是引人注目的、让人难以忘记的。领导者必须为愿景注入活力，让愿景鲜活起来，让员工能够感知得到，只有这样，员工才愿意为它和独特的未来而奋斗。全球领导力权威专家库泽斯在《领导力：如何在组织中成就卓越》这本书中谈到领导者可以通过共启愿景感召他人的六大措施：

（1）与追随者交谈，找出他们的希望、梦想和对未来的抱负。

（2）确保追随者知道是什么让你的产品或服务显得独特和与众不同。

（3）向追随者展示，他们的长期利益将怎样在实现共同愿景的过程中得以实现。

（4）运用生动形象的隐喻、象征、案例、故事、图片和文字展示你期望的未来愿景。

（5）接纳他人的情绪，并重视他们的情绪。

（6）以一种真诚的形式表达你的激情，展现你是谁。

整合领导：从"深耕条线"到"横向协同"

全球化及新的产品/服务线的生命周期越来越短，造成运营模式也越来越复杂。要在如此复杂的环境下继续前进，领导者无论在企业内部还是外部（目前看来外部的需求更大，譬如与合作伙伴和盟友间的合作），都需要从过去的"深耕条线"转向更紧密且更频繁的"横向协同"，跨界合作。

随着新技术的推动，各行各业都在发生重大转变。技术和数字正在改变一切，包括客户的需求和期望，他们需要获得更全面的服务和更高的价值。为此，企业只有强化内部协同并展开跨界行动，进行外部结盟，才能为客户提供全方位的服务。

1. 内部协同

企业领导者要想强化内部协同，需要从机制设计和个人软实力两个角度出发。

（1）机制设计主要考虑以下几方面。

1）建立网络状的协同组织体系。在组织顶层设计层面，要考虑到内部协同如何更加优化。以中信集团为例：纵向上，建立了集团协同部——子公司协同主管领导、协同对口部门——重点分支机构（分行）协同主管领导和部门等三级组织管理体系。集团有班子成员直接分管协同；子公司有领导分工负责，并设有业务协同联系人。横向上,建立了区域协同平台,每年召开地区业务协同联席会议,各联席单位共享信息、客户与渠道资源,根据当地市场需求,开展联合市场营销,提供综合服务解决方案。

2)协同制度建设。主要包含相关协同联席会议机制、会议组织、协同流程以及激励等相关措施。中信集团在2011年就出台《企业战略客户联合营销与服务管理暂行办法》,对战略客户的选择与认定、组织体系、内部程序、沟通交流、协调管理、评价与奖励等联合营销与服务工作中的重要内容和程序进行了明确。

3)智能化协同平台。在移动互联网时代,为了强化内部协同,提高工作效率,务必建立智能化的协同平台,最好是基于手机等移动端的。

(2)推动内部协同的个人软实力提升需要关注以下几方面。

1)信任他人,即便他人不信任你。

2)花时间了解你的追随者,了解他们的兴趣所在。

3)关心他人的问题和抱负。

4)倾听、倾听,更多地倾听。

5)构建共同的目标、需要合作的项目,并使人们了解他们是如何互相依存的。

6)找到使人们面对面在一起的各种方式来维持他们之间的合作关系。

2. 外部结盟

企业领导者应该深刻地理解,把竞争对手转变为合作伙伴会降低威胁力，也会对自己更加有利。运用正确的合作方式将对手转变为可靠的"盟友"，并不完全是为了规避竞争，而是结合其他策略来提升竞争力。

> 腾讯以 QQ 起家，以微信在国内移动端奠定其牢固的市场地位。但是，从近几年来看，腾讯的业务版图从社交、游戏、数字、内容到电商、O2O、互联网金融、在线教育、医疗保健等，是一个大型的多元化生态系统。这种平台化结盟策略也正是腾讯在过去的移动互联网十年之所以能够保持高速发展的关键。
>
> 在腾讯开放式平台战略里，有两个完全不同的策略。一个是在特定行业里选择最好的平台型合作伙伴——在其所在的行业里已经积累了大量的行业经验并且建立了强大的生态系统。这类伙伴的例子包括滴滴打车、大众点评、京东等。腾讯会在未来和它们紧密合作并投入资金为其用户提供更具价值的增值服务。
>
> 另一个是围绕特定行业的生态系统来开展业务。腾讯会基于特定的基础设施体系为特定行业提供一个在线生态系统。行业中的参与者只要加入腾讯提供的平台就可以开展相应的业务。他们可以使用腾讯的社交平台、支付系统、广点通广告网络等。

成长型思维：从"固定思维"到"变化思维"

1. 跳出"完美无缺"的陷阱

在商业进程中，有过太多"完美无缺"的领导者将企业带向衰败甚至破产的边缘。李·艾柯卡在担任克莱斯勒汽车 CEO 后，在刚开始取得初步成功之后，开始陷入"固定思维"模式，一次次推出同样的车型，每次都做出一些细微的、浮于表面的改动，最终让客户再接受这样的车型。与此同时，日本汽车公司开始充分思考汽车应该有怎样的外观和性能，怎样才能更加贴近客户的需求，以"变化思维"深度理解客户需求是在持续变化的，并且有针对性地进行改进。最终结果大家都很清楚，日本汽车公司迅速占领美国市场，并且在全球攻城略地，取得成功。

企业领导者要跳出"完美无缺"的陷阱，要时刻保持对市场、对客户的敬畏之心，把过去成功的经验放下，以发展的眼光、变化的思维去重新理解、更新经营策略。

> 杰克·韦尔奇是成长型思维领导者的典型代表。1986 年，通用电气收购了华尔街的一家投资金融公司 Kidder Peabody。就在收购完成之后，该公司爆出了非法交易丑闻。几年后，公司的一名证券交易人制造了涉案金额上亿美元的虚假交易，以此来提高他自己的收入。韦尔奇给通用电气的 14 名高级管理人员打电话，告诉他们这个坏消息，并亲自向他们道歉。"对于这场灾难，我非常自责。"韦尔奇说。而在当时世界最大的能源公司

安然面临审查时，其 CEO 杰弗里·斯基林则强调："这不是我的错，是这个世界的错"。这两家企业最终的结局截然相反。

2. 摒弃"人才至上"理念

成长型思维模式者不仅寻求挑战，并且在挑战的过程中成长。挑战越大，潜力越能被激发，成长空间就越大。而固定思维模式者在面临挑战的时候，如果感觉不到自己聪明且富有天赋，就容易失去兴趣。

吉姆·柯林斯与团队历经五年的研究，探索企业如何才能基业长青。他在《从优秀到卓越》这本书中提到，这其中有很多重要因素，但最重要的，是拥有一个在任何情况下都能带领公司走向卓越的领导者。这种领导者并不是指那些能力超常、魅力出众、非常自负且自认为天才的人，而是那些谦虚、勇于不断提问并有能力面对残忍现实的人。这些领导者都有共同的特质，他们相信员工是可以发展的，他们并不总是想证明自己强于他人，他们会审视自己的错误和不足，坦诚地自我反思还有哪些地方需要精进，才能带领公司迈向更好的发展阶段。

有些企业太强调"人才至上""领军人物"，而这些所谓的具有强大个人魅力的、完美无缺的"领军人物"，可能能成就企业的一个发展阶段，但是也可能给企业带来巨大风险，甚至灭顶之灾。

2001 年，一个重磅消息震惊美国企业界——安然公司宣布破产。这其中发生了什么？为何一家具有美好发展前景的公司会遭遇如此大的灾难？是公司对人才的固化思维方式所带来的。领导者认为在企业界也应该像体育界一样，存在所谓的"天才型选手"。因此，安然公司花了大量资源招聘超级天才，将公司的发展全部寄托于这些超级天才身上，营造了一种"人才至上"的企业文化，使员工陷入了一种固定思维模式，不愿承认或改正自己的不足。因此，当安然公司鼓励要不惜一切代价追求利润时，那些超级天才用高盈利换取高报酬、高奖金、高回扣、高期权，安然公司的风险开始酝酿、累积，直至财务造假，丑闻爆发，黯然离场。

做好一名教练：从"权威管理"到"辅导教练"

杰克·韦尔奇曾说："我只想做一名企业教练。我想提醒你们我观念中的领导艺术是什么，它只跟人有关。没有最好的运动员你就不会有最好的球队，企业队伍也是如此，最好的领导者实际上是教练！""权威管理"的弊病是领导冲在前，员工跟着跑。员工一切围绕领导的"英明决策"，缺乏创造力和自动自发的精神，想着不是本职应该干什么、怎么干对企业更能产生价值，而是想着领导怎么说，我们怎么做，不利于激发员工个体的价值，也不利于员工的成长。

《管子·心术上第三十六》中写道："心之在体，君之位也；九窍之有职，官之分也。心处其道。九窍循理；嗜欲充益，目不见色,耳不闻声。故曰上离其道,下失其事。毋代马走,使尽其力;毋代鸟飞,使弊其羽翼;毋先物动,以观其则。动则失位,静乃自得。"管子所道之言其实就是启发我们,不要"代马走""代鸟飞",而应该"使尽其力""使弊其羽翼",这个"使"就是辅导、教练、促发员工潜力,锻炼其能力,使之完成更多有价值的事情。

1. 教练的四大核心技能

"教练"一词来自体育运动,指的是通过完善心智模式来挖掘潜能并提升效率的管理技术。详细地说,就是通过一系列有方向性、有策略性的过程,洞察被教练者的心智模式,让他向内挖掘潜能、向外打开更多的可能性,令被教练者有效达成目标。教练需要具备聆听、发问、辨别问题及有效回应或反馈的能力。

将教练技术应用到业务场景,做一个好的教练,需要掌握以下四大核心技能。

(1)帮助下属厘清目标。"权威管理"强调的是按章、按领导决策与指示办事,往往造成员工不能切身理解该目标的利害以及与其工作本身有什么关联或价值。"辅导教练"关注的是上级与下属互动的过程。上级与下属需要进行充分沟通,一起来厘清共同的目标。这个目标不是领导下达、决策的,而是上级与下属共同探讨出来的,这样能使员工更加明晰目标的价值及其内涵、外延。

(2)帮助下属由表及里地分析目标无法达成的原因,找寻真相。一旦下属不能有效达成目标,"权威管理"式领导者关注的是目标没有完成的后果是什么,谁应该为此担负责任。"教练辅导"

式领导者除了说明目标未达成的影响，更加需要做的是通过提问、探寻的方式，来找到无法达成目标背后的原因。

（3）帮助下属进行心态迁善。员工在工作过程中难免会面临挑战，遭遇挫折，使其信心衰减，甚至会有些许抱怨。在"权威管理"下，这种情况的发生特别容易给员工贴标签，不能用成长型思维方式去看待员工短暂的挫折而带来情绪的变化。"辅导教练"要做的就是让下属从不可能思维转向可能性思维，从负向抱怨思维转向正面解决问题思维，从外部推诿责任思维转向自身寻找原因思维。

（4）帮助下属制订具体行动改善计划。持续改善是员工提升工作效率重要的手段之一。在"权威管理"下，更多强调的是工作任务与人之间的匹配性，没有完成任务，就换人。"辅导教练"更关注人的成长性、人的可能性，通过辅导找到可改进的空间与要点、与下属共同探讨、拟订具体的改进计划，尊重人的自我实现。

2．教练文化的营造

教练辅导这种新型的管理方式能够在企业产生更大的价值，除了教练技术的引进、掌握，还需要企业教练文化的营造。

（1）坦诚、真实反馈。教练文化的营造，重要的是员工之间的信任，没有信任，大家就很难坦诚相待，那么在教练辅导过程中，就一些深层次的问题会有心理壁垒，打不开，也就看不清，看不清就难改进。因此，企业需要利用各种场景，由领导者带头，做到坦诚、真实反馈，类似很多企业经常召开的"批评与自我批评"专题会议，也属于营造讲真话、增信任的方式。

（2）欣赏、尊重。教练辅导的发心是成就每位伙伴，每个个体都有其价值，有其可以激发的潜力，有其成长的空间。教练辅导本身追寻的就是需要彼此尊重、欣赏，没有尊重的文化，就很难有信任的基础；没有信任，更难以彼此欣赏。

（3）全员教练。不要把教练辅导当成一种管理方式，教练辅导其实是一种工作理念，不单管理者需要掌握，员工也需要掌握。在企业各个工作场景下，全员都有尊重他人、欣赏他人、成就他人的心态，这样的组织是有活力、有未来的。

（4）把成为一名好教练作为领导者的重要考核指标。

> 2013年，谷歌对公司10 000多名员工进行了访谈和问卷调查，想知道从员工角度看，什么样的领导是一个好领导。经过大量的数据分析、访谈和建模之后，谷歌得到了8个指标，并将其作为领导者每年的考核与评价指标：
> - 是一名好的教练；
> - 授权于团队，不事必躬亲；
> - 关注团队成员的成功和幸福；
> - 工作富有成效且以结果为导向；
> - 是一名优秀的沟通者，擅长倾听并分享信息；
> - 帮助员工进行职业规划和发展；

- 对于团队愿景及战略有清晰的规划；
- 具备关键的技术能力，能给予团队建议。

其中，员工把"是一名好的教练"当作领导者最重要的考核指标。

韧性：从"追求利润"到"追求卓越"

企业发展是为了最大化股东的财富，追求最大化利润，一定意义上在经济学界是共识。但是，在《基业长青》这本书里有个数据很有意思，在过去 70 年，专注于最大化利润的企业以 3∶1 的比率战胜了市场，而专注于目标（不完全是利润）的企业以 15∶1 的比率战胜了市场。这些企业摒弃超额利润，以"胆大包天的目标"为导向，聚焦在客户、产品、服务上，能提供更多的价值，专注于企业做出的贡献。这些高瞻远瞩的企业相信，如果企业做得出色，就会挣大钱。企业不是专注于挣钱，而是专注于实现更高的目标，追求卓越。

惠普前 CEO 约翰·杨曾说："尽量增加股东的财富一直是我们放在很下层的目标。没错，利润是我们所作所为的基础——是衡量我们贡献大小的指标，也是致力支持公司成长的手段，但它本身一向都不是重点。事实上，重点是求取胜利。胜利与否要由客户的眼睛来判断，由你是否做了一些能够自豪的事情来判断。这当中有逻辑上的对称性，如果对真正的客户提供真正的满意，我们就会获利。"

小米创始人雷军曾经在第 20 届哈佛中国论坛开幕式讲道："毛利率越高的公司不一定越好，毛利率高其实是一条不归路，因为许多公司为了提高毛利率，一是提高价格，二是控制成本，但提高产品价格就是在与用户慢慢变成敌人，而一旦控制成本就会慢慢变成偷工减料。"因此，小米在 2018 年发布小米 X6 之后，也正式向用户承诺："每年整体硬件业务（包括手机及 IoT 和生活消费产品）的综合税后净利率不超过 5%。如超过，我们将把超过 5% 的部分用合理的方式返还给小米用户。"小米综合税后净利率不超过 5% 的利润目标，是在告诫小米，要克制贪婪，把精力聚焦在产品、客户与服务上，给用户提供更多"感动人心、价格厚道"的产品，也是驱动员工持续精进、追求卓越的动力源泉。

1. 设定高标准

在组织内部推动员工持续改善，勇于挑战更高的目标（而不仅是利润），需要对工作要求设定更高的标准。

> 2018 年 4 月，杰夫·贝佐斯在发表的年度致股东的信中谈道："建设高标准文化是非常值得的，它带来很多好处。最自然和最明显的是，你将为客户提供更好的产品和服务——这个理由就足够了！也许不那么明显的一点是，人们会被高标准所吸引——有利于招募和保持员工。更为微妙的是，高标准文化对每家公司内所进行的无形但至关重要的工作可起到保护作用。

我说的是那些无人监督的工作，即使没人看着，工作也会完成。在高标准文化中，做好工作本身就是一种奖励——是专业性的一部分。"

贝佐斯认为，高标准的设立需要考虑四个要素，其解释了其中三个要素：

（1）高标准是可以传授的。高标准的工作氛围是会传染的，将一位新人带入高标准的团队，那他将会展现出高标准的工作状态。企业需要设立高标准的核心原则，利于团队的学习。

（2）高标准是需要全领域覆盖的。高标准的工作追求不会自动蔓延到其他领域，企业必须在每个领域都设定高标准，并且逐渐让团队将其作为工作基本常态，在每个领域内部进行传播，最终形成全公司覆盖。

（3）高标准是可以识别的。在设定高标准时，首先，要厘清该工作领域为实现其目标的难度在什么水平；其次，要能很清楚地辨别该工作领域何谓好，何谓坏。

2. 营造紧迫感

领导者应该清楚地意识到，在企业适当营造紧迫感，能够激发员工的斗志，驱使员工更好地达成工作目标。

IBM前总裁郭士纳在上任只有5天的时候，就竭力向雇员们保证，虽然他的扭亏为盈计划难免会伤害一些人，但他会尽力缓解痛苦。他知道每个首席执行官在动手裁员前都说这样的话。可是他在 4 月 6 日的一份备忘录中说的却是肺腑之言："你们中有些人多年效忠公司,到头来反被宣布为'冗员',报刊上也登载了一些业绩评分的报道,这当然让你们伤心、愤怒。我深切地感到自己是在要大量裁员的痛苦之时上任。我知道这对大家都是痛苦的,但大家知道这是必要的。我只能向你们保证,我将尽一切可能尽快地度过这个痛苦时期,好让我们开始向未来看,并期待着重建我们的公司。"

郭士纳把紧迫感带回了这个曾把勇敢进取等同于耻辱的公司。IBM 旧的文化不屑于过多谈论竞争,太爱出风头是不合适的。郭士纳要看到的是一个完全不同的 IBM。他希望员工富有竞争意识,他希望员工都想着去赢。"IBM 失去了一笔生意,就像他自己也失去了生意一样。"他希望公司的每个人都会这么想。

Chapter 6
第六章
创新求变的思维模式塑造

企业经营要经历一定的生命周期：初创、发展、成熟、衰退。任正非也曾在接受采访时谈及"从哲学的角度，华为最终必死"。虽然从生命周期角度看，企业最终会走向衰弱，但不代表不可以切换跑道，延续企业经营发展的寿命，甚或焕发新的生机。

查尔斯·汉迪教授指出，当企业快接近发展的顶峰期开始要向下时，能不能寻找到第二曲线——在第一条 S 曲线进入衰退之前，建立另一条曲线（见图 6-1）。

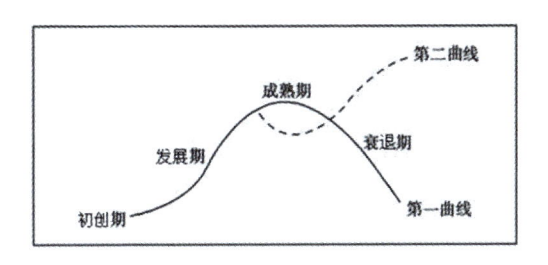

图 6-1　企业经营第二曲线

苹果非常善于创建企业经营第二曲线，从而不断给自己带来新的发展动能。苹果在早期推出 Mac 电脑大获成功之后，就已经着手推出 iPod 并进军商业音乐界，而当 iPod 迅速占领市场时，又开始设计完全不同的新产品 iPhone，同样获得成功之后，又开发了 iPad……每条新曲线都是源自上一条曲线，每条新曲线都是在上一条曲线达到顶峰之前就已经构想完毕，并且把新曲线的业务推向更高的发展阶段，以此类推，形成了苹果经营发展的曲线阶梯。

阿里巴巴也是一个不断创建企业经营第二曲线，让企业不断成长的例子。从最早的贸易服务网站到淘宝，再到天猫、互联网金融业务、阿里云业务等，每条新曲线都是在上一条曲线处于高速发展阶段就开始建立，就像马云说的"要在天晴的时候修屋顶"。

现如今，产品推出的周期缩短，商业模式的更新迭代速度加快，企业经营者要想跨越经营发展的周期陷阱，抓住经营发展的第二曲线，并且能够将业务推向一个新的发展阶段，除了要对经营模式、产品、服务等重新进行定位、更新、升级，还需要给员工塑造创新求变的思维模式，构建组织的创新求变文化。

有话直说，对抗有理

吉姆·柯林斯发现，能够实现"从平庸到卓越"飞跃的 11 家公司有 6 个共同特点，第一是先人后事，强调人在组织中发挥效用的价值是企业经营者首当其冲要考虑的。

在组织中，充分发挥人的主观能动性，需要建立坦诚的氛围，让员工能够有话直说，甚至要有良性的争论、对抗。作为企业经营者，必须学会激发员工的灵感，激励员工畅所欲言，开动脑筋为企业发展献言建策。

1. 要坦诚，而不是诚信

企业的经营效率很大程度上取决于信息流转是否顺畅，决策是否高效，资源配置是否合理。企业想要了解问题，做出高效的决策，需要通过坦诚的交流来建立合作的桥梁，任何遮遮掩掩、刻意误导都是大忌。毋庸置疑，如果企业能够借助集体的智慧，得到员工真实的想法，决策效率就会提高，但员工内心的恐惧和自我保护的本能会让企业无所适从。在企业内部强调诚信会给员工带来压力,诚信与道德挂钩,容易贴标签,促发自我保护的本能。而坦诚是一个双向互动的过程。提出建议者要在安全、信任的环境下说出自己真实的想法,而听取意见者需要给予正向的反馈,在这样一个良性的双向互动过程中会强化坦诚。

电脑动画制作公司皮克斯建立了一个"智囊团"的非正式组织来推动坦诚文化的形成。"智囊团"成员每隔几个月都会碰一次头,把有头脑、有热情的人聚集在一起,鼓励大家有话直说,针对正在制作的电影给出评价,并且挖掘和解决问题。皮克斯为了推动"智囊团"在组织内部成为一切工作的基调,也做出了很多努力。

(1)高层亲自参与,并且做好示范。皮克斯联合创始人艾德·卡特姆坚持每一次"智囊团"的会议都参加并发言,与大家一起对剧本各抒己见,建立安全的会议氛围,捍卫和坚守会议的出发点,激发大家坦诚,说出真实的想法,而不用去顾及其他影响与后果。

(2)尊重不同的意见。人们在进行与工作有关的交流时,有的人为了面子非要在辩论中占上风,有的人则为了给自己揽功或讨好上司而心口不一,但智囊团成员视彼此为伙伴。开会时如果出现言辞激烈的情况,彼此也不会记恨,因为大家都是以解决问题为共同目标的。

(3)正向反馈。坦诚并不意味着不近人情,也不是要伤害别人。有效的反馈系统都是以同理心为基石建立的,大家都是奔着同一个目标去的战友,无论大家提的建议是否有价值,都应该给予积极的正向反馈。"智囊团"的成员笃信,每一句点评都是为了大家共同的目标——彼此扶持,相互帮助,一同创作出更好的电影——服务的。

2. 去掉权威

坦诚的前提是让大家觉得可信赖。如果在集思广益、解决问题过程中,掺杂了太多的权威在里面,势必会激发员工的自我保护本能,进而影响企业决策。

乔布斯收购皮克斯之后,皮克斯为了保持内部的坦诚文化,不允许乔布斯参加"智囊团"会议,因为大家认为他目空一切的个性会让所有人都不敢说话。因此,在创意无限的皮克斯,要想保持直言、坦诚的工作氛围,就要去掉权威。

皮克斯为了避免内部上传下达占用太多时间,不能形成良好的沟通互动,没有设立科层制的组织结构,而是围绕产品创立了一种类学生时期的、平行式组织结构。在工作机制上,皮克斯营造开放、包容、坦诚的氛围,给予员工足够的信任,激发大家更好地进行工作创新、发展。

"离经叛道"有重赏

著名经济学家约瑟夫·熊彼特曾说过这样一句名言："创新是带来创造性毁灭的行为。"也就是说，我们倡导新的体系时往往需要销毁过去的旧方法，就像互联网企业创新的门户网站、电子商务及通信等领域改变了我们传统的收集信息方法、购物方式及沟通方法。好的创意一开始看上去都是离经叛道的，但只要你给它足够的发展空间，不断迭代，它就会成长为一个好创意，给企业带来新的商机。

1. 拓宽创新的心理空间

当对某一领域只有一般水平的专业度时，人们才最能对极具创造性的想法持开放态度。如果你认为"那不可能，因为没有足够的经验"或"像那样的想法之前从未成功过"，那么你的思维会固化，进而阻碍你创新。

引领创新的经营者需要打开员工创新的心理空间。首先，要意识到创新会突破传统范畴并鼓励这一点。亚马逊的"雄蜂"无人飞行器、谷歌的无人驾驶汽车及特斯拉的"火星计划"，都拓宽了思维的边界，让企业变得更大胆、更创新。然而通常情况下，要想拓展企业创新的视野和能力，并不一定要采取这类反常规的策略，仅需要传达一种意愿——对产品、顾客和商业模式这些企业经营最核心的理念进行重新想象。

> 卡夫于1984年进入中国市场，曾寄希望于利用现有成熟产品来实现10亿美元的收入。然而，到2006年，卡夫的收入仅达到目标的1/10，而且还在持续下滑。为扭转颓势，卡夫启动了"空白支票"计划，卡夫的领导者通过授权给员工放手去做的方法，释放了团队的创新空间。团队通过与消费者的大量沟通、行业调研与分析，重新改变了销售方式及产品的口味，并且还开创性地开发了花生酱、绿茶、冰激凌等口味多层叠加的饼干，使得卡夫在中国市场增加了6倍的收入，奥利奥成为中国排名第一的饼干品牌。

2. 欢迎不确定性

创新是在不确定性中寻找相对可确定性。任何创新都不可能一蹴而就，也没有规律可循。领导者在鼓励"冒险"的同时，要表达出你对不确定性的欢迎，并且做好管理不确定性的准备。

大多数人都会担忧不确定性给自身事业带来的影响，领导者需要告诉大家不确定性的积极一面，这是非常重要的。要对创新团队坦诚可能的风险，明确告诉大家在创新的过程中会面临诸多不确定性问题，给工作带来挑战，甚至在某些阶段，企业找不到方向，处于混沌状态，等等，这些都是正常的，对此感到不安是人之常情。给予团队同理心。

同样重要的是，围绕创新过程中的不确定性划定边界，从而体现具有控制风险的意志与能力，给团队拓展更大的创新空间。

领导者该如何管控创新的不确定性呢？首先，给团队设定时限。在一定的时间周期内，解决创新项目最基本的不确定性。其次，管理决策时刻。当创新项目没有达到预期时，领导者需要帮助团队客观地评估现状，坦诚交流，听取大家的建议，在需要终止项目的时候要有勇气进行决断，以便腾出时间和资源来尝试其他项目。

包容失败，不容忍无能

企业在创新求变的过程中难免会遭遇失败的项目，领导者要能够容忍创新过程中发生的失败。我们所熟知的被人推崇的创新者也曾经历过失败的创新产品，如亚马逊的 Fire Phone、谷歌的智能眼镜、阿里的来往和腾讯的 TM。

1. 庆祝失败，建立试错机制

贝佐斯在总结亚马逊过往成功的经验时说："亚马逊的独特处之一在于如何面对失败。我们关注用户而非竞争对手；渴望创新及探索；愿意失败；对长期发展保持耐心，以及保持关于卓越运营的职业自豪感。"在现实中，大部分企业都会接受关于创新的理念，并不愿意承担在实现过程中的失败。

> Supercell 公司一款游戏推出遭到失败后，其管理者的反应是"太好了，这款游戏失败了，证明我们剔除了一条错误的道

> 路"，随后这支团队不是"复盘"思过，而是开香槟"庆祝失败"，及早放弃失败的产品，从失败阴霾中走出，迅速投入新产品的研发中。

创新的前提是需要容忍失败，"庆祝失败"，因为创新本身就内含着尝试、未知及失败。如何让一家公司能够包容失败，鼓励试错行为，需要从公司决策及机制方面做出改变。第一，授权决策。大部分企业决策都是一个理性的过程，本身要求"充分的信息"、论据、实施路径都要预设、推演，风险要可控，但是内部信息的流转、市场的变化、决策的时机等变量会影响最终决策的效益，建议授权给接触一线市场的部门，让其直接能够做出判断，快速决策，响应市场变化。第二，建立试错机制。就像Supercell，不断试错，纠正复盘，然后迭代。在有米科技，任何一个新产品开发都要求一个月内到市场上测试，如果一个月内顾客反响活跃，这个新产品会继续开发下去，如果一个月内顾客反响不活跃，公司会立即关闭这个项目，项目成员自动解散，然后组建新的项目。

2. 摒弃无意义的失败

创新的组织包容失败，却不容忍无能。企业为了推动创新在业务经营链条的植入，需要给员工设置极高的绩效标准，招募行业最优秀的人才。探索有意义的风险是值得尝试的，是需要付出代价的，但由于专业能力差、敷衍了事、管理能力低下造成的创新失败是有问题的。乔布斯会解雇他觉得无法完成任务的员工；

亚马逊也会按照活力曲线给员工进行排名，垫底的人会被淘汰；谷歌善待员工是出了名的，但要想进入谷歌工作异常艰难，对能力要求极高，即便这样，也有一套严格的绩效管理系统，不达标的员工要换岗；在皮克斯，无法顺利推进项目的导演要被换掉。

创新不是赌博，不是一味地追求风险，追求预设的失败，创新是在承担失败的风险前提下尽可能追求商业的成果。因此，包容失败的前提是员工有足够的胜任能力。创新团队需要在不确定性中找到确定性，在过程中不断学习。

领导者要明确有意义的失败与没有给企业带来任何进步的失败之间的差异。有意义的失败能带来有价值的信息甚于付出的成本，只有那些能够促进进步的失败是值得鼓励的。员工在创新的过程中收获了更多新的技能，开拓了新的视野，掌握了更多创新解决问题的方式方法，就算此次创新项目没有成功，也一样可以将这些能力移植到其他创新项目上，推动新的进步。

压缩犯错时间，从失败中快速学习

《海底总动员》的导演安德鲁·斯坦顿经常说"失败要趁早，失败要尽快"；"人应当尽可能地压缩犯错的时间"。创新就像学骑自行车，如果幻想着从零基础开始，一个跟头不栽、一个跤不摔就能学会，那是根本不可能的。最好的办法就是找辆比较矮的自行车，戴上护膝和头盔，然后开始学。在犯错当中，慢慢学会平衡的技巧,然后再把自行车换成正常的,把护膝和头盔拿掉。Facebook 创始人马克·扎克伯格针对创新冒险说过的最有名的一句话:"在一个快速变化的世界,最大的风险就是不冒任何风险,唯一确保失败的战略就是'规避风险'"。

规避风险和犯错都不是重要的,将犯错的时间压缩得越短越好才是最重要的。在战斗中,如果你面前有两座山头而你不知该先攻打哪边的话,那就尽快做出选择,赶紧采取行动。一旦发现自己攻错了山头,那就赶快去攻另一座山头。在这种情况下,错误的行动只有一种,那就是思考攻占哪座山头而犹豫不定。

美国硅谷是创新的圣地,是追求成功、自我价值实现的梦想之地,然而,硅谷成功企业的背后有无数个失败的企业,多少创业逐梦者"魂断硅谷"。即便如此,鼓励创新,容忍失败,仍是硅谷之所以在今天还如此成功,能不断孵化独角兽企业的重要原因之一。

每个失败的产品或每次失败的创业都是一个教训,储存在硅谷的集体记忆中。在硅谷,大家从不指责失败,而是赞美它。甚至风险资本家在投资企业的时候,也会考虑创始人是否有过失败的创新经历。创新失败并不可怕,重要的是从创新失败中吸取教训,快速将其转变为下一次创新成功的基石。

1. 反思并在更大范围分享教训

针对不尽如人意的创新项目,或者宣告失败的创新项目,需要充分研究失败背后的原因。很多企业在反思失败的过程中要么泛泛而谈，要么追责拷问，没有很好地获取失败反思带来的价值。领导者要鼓励大家直面问题，列出过程中没有处理好的问题清单，逐一在反思会上进行开诚布公的交流，发表各自真实的意见，并详细记录下来，形成创新项目失败经验案例集。

领导者要做好示范，带头在项目反思会中讨论自己没有做到位的地方，有哪些方面可以提升，形成一种反思—反馈—分享循环系统，特别是要将反思会中的内容在更大范围内进行分享，将这些失败的经验教训让更多员工能够知悉，避免重蹈覆辙。

2. 复盘失败的模式

复盘，围棋术语，也称"复局"，指对局完毕后，复演该盘棋的记录，以检查对局中招法的优劣与得失关键。做企业就需要经历一次次的复盘，在复盘中找到更优的解决方案，持续精进，才能夯实企业竞争优势。

> 1959 年，本田汽车以其小马力摩托车进入美国市场时也经历了由于市场不买账而惨败。因为在东京郊区小路上兜风的小摩托车，根本不适合在开阔的美国道路上驰骋。本田汽车意识到这个问题后，迅速通过对外部市场的研究分析得到大量客户、产品及竞争对手的信息。与此同时，组织内部展开项目阶段性没有获取成功的复盘，对客户、产品性能及美国市场的独特性进行深度复盘，找到问题的症结所在，重新对产品进行定位，执行新的市场竞争策略，迅速将小马力摩托车转换成了一系列

> 高性能的摩托车,结果在美国市场大受欢迎。创始人本田宗一郎说:"许多人梦想成功。其实成功只能通过反复的失败和反思得到。成功是你工作的1%,而剩下的99%都是失败。成功是失败的结果。"

三大强化策略

文化的改变、思维模式的塑造都是艰难的。组织文化是成员之间自然形成的社会契约。领导者要改变组织文化,就像要打破社会契约,因此,组织内的很多人,特别是既得利益者,会有所抵触。企业除了以上四大举措,还需要实施三大强化策略,才能更加有利地打造创新求变的文化,重塑员工的创新思维模式。

1. 坦白创新是残酷的

领导者必须对员工坦白有关创新面临的残酷现实。创新不只是让大家在一个安全、信任的环境中开开心心做实验;让大家有足够的资源,可以随心所欲做自己想做的事情,去试错,畅所欲言及决策,而是要让员工意识到创新所付出的成本、代价及创新失败可能给企业带来的影响,包括对个体的关联影响。从一开始坦诚创新所面临的残酷现实,好过在过程中规则发生改变而引发不解、怀疑甚至抵触。

2. 打造创新文化没有捷径

领导者必须意识到，打造创新文化没有捷径。现如今，很多企业为了推动组织创新，激发内部的活力，把业务单元化小，建立自治的创新小组。从一定意义上来讲，这种组织形式可以规避一些大企业病给创新带来的阻碍，但是不可能凭空增添创新精神。如果领导者不采取强有力的措施去塑造价值观、规范与行为，就算化小业务单元，也一样会承袭过去的工作习惯。但是，在这些自治的创新小组重塑创新求变的思维模式，不是不能做到，而是不一定所有的成员都适应新的变化，因此要慎重选择哪些成员应该纳入自治创新小组中。

3. "三大过度"的平衡

创新求变的思维模式塑造之所以难，就是因为创新文化的不稳定性，相互制衡的力量容易失衡引起混乱，因此，领导者必须留意三大"过度"现象，必要时采取行动恢复平衡。

（1）对失败容忍太极端，会造成员工敷衍、懈怠，找借口；而对无能太过严苛，会让员工不敢承担风险，避重就轻。

（2）鼓励试错，如果没有限定条件，可能会让员工轻率做事；而太过严苛的规则会错失不够成熟的好创意。

（3）过度强调协同合作，可能不利于决策；而过度强调个人问责，可能引起人人自危。

第三篇

激励升级：点燃员工的创造力

奖励有时候很奇怪，它好像对人的行为施了魔法：把有意思的工作变成苦工，把游戏变成工作。胡萝卜大棒让我们希望得到的越来越少，不希望得到的越来越多：本来是要提高积极性却降低了积极性；本来是要激发创造力却抑制了创造力；本来是要让好人好事越来越多但实际上让好人好事越来越少。上瘾者想要快速解决问题，置最终损害于不顾；撒谎者想要快速出奇制胜，置长远结果于不顾。

——丹尼尔·平克

Chapter 7

第七章

重构绩效管理

企业经营战略在组织内部的推动需要强有力的绩效管理,这种观点在过去数十年已然成为提升企业经营效益的管理工具的"必选项"。然而,索尼的常务董事天外伺郎在《绩效主义毁了索尼》一文中谈及:自从索尼推行绩效主义以来,员工的激情不在了,"激情集团消失了",挑战、创新、团队精神也逐渐湮灭了。很多企业在推行绩效管理过程中,也明显感觉到有些问题确实比较突出,就像《绩效主义毁了索尼》一文提到的现象,没有取得预期的效果,但是也不能以此否定绩效管理带来的价值。在新时期下,企业应该从绩效管理的本质出发,找到绩效管理的杠杆点,重构绩效管理。

摒弃传统绩效管理

第二次世界大战之后，随着工业化技术的蓬勃发展，企业的经营规模在不断扩张，从地区到跨洲直至全球。为了提升生产效率，企业管理者寻求在组织各个级别达成共同的思维方式，他们的工作从在大型公司中推动绩效开始。接着在 20 世纪 50 年代后期，在美国出现了目标管理（Management by Object，MBO），这是一个基于考评的过程，目的是确定员工和管理层就员工为支持组织而需要取得的具体目标达成一致。因此绩效管理很大程度上变成对个人产出的评分表。随着中国的改革开放，外企大量地在国内投资、生产，成立企业，逐渐将这套绩效管理办法引入中国，对中国企业的绩效管理带来巨大的影响，一直到今天。

传统绩效管理通常包括季度、半年度或年度的绩效考评过程；大多数绩效都是按照某一标准来管理，或者在某一职级范围内；目标设定来源于战略目标的层层分解，彼此的工作又有强大的相关影响，而员工的绩效评估却是以个人完成的任务目标为基准的；对个人非业绩的评估取决于领导对其工作的观察及竞争优势的理解，比较客观的还会以团队来进行评估，然而对标准的理解不知道是否一致；绩效考评的结果，还要与薪酬、晋升与发展等关联起来，但获得发展的毕竟是少数，最可怕的还有正态分布，强制比例。

上述的过程，笔者相信大家都很熟悉，但是，这个绩效评估过程为什么让人如此讨厌。根据美国人力资源协会的描述，绩效管理的目的是要作为"监管工作活动结果，收集和评价绩效以判断目标是否实现，用绩效信息来进行决策、分配资源以及沟通目标是否实现的一种方法"。这并没有错，那么，是什么地方出了错？为什么绩效管理反而扼杀了绩效呢？

1. 没有证据表明传统绩效管理提高了绩效

现阶段，没有推行绩效管理的企业应该微乎其微，但是，当在给企业做咨询的过程中问起"企业为何要开展绩效管理"时，从领导者的表情中，笔者能看出他们的不可思议："绩效管理是提升企业绩效的有效管理手段，我们当然需要。"然而，当笔者再继续追问："当企业面临生死存亡时，你觉得绩效管理可以为你的企业带来什么？"此刻，许多领导者表现出若有所思的样子，沉默不语。这让我想起《驱动力》的作者丹尼尔·平克在一次TED演讲中所说："科学所了解的与商业所了解的不一致……有太多组织是根据过时的、未经审查的、更多源于民间传说而不是科学的假设来进行他们关于人才和员工的决策。"

传统绩效管理是否有价值，或者在什么阶段有价值，这不是本书想要证明的。企业经营效益提升有很多影响因素，在此不赘述。通常，一个高绩效的组织是由积极主动的员工和团队组成的，员工和团队的士气能够给业务带来影响。盖洛普研究发现：员工士气高的公司与低的公司相比，员工的保留率高13%，生产效率高5%，顾客满意度高52%，公司利润率高44%。如果绩效管理能够提高员工的士气，那么势必会提高绩效，然而现实是，传统绩效管理并没有提高员工的士气，相反造成了更多的疏离，扼杀了本来希望改进的绩效。

2. 破坏了坦诚对话

传统绩效管理是对某一阶段员工的产出进行评价，并且将其与薪酬、内部发展等关联起来，目的是更好地激励员工提高绩效。现实中，当员工大脑接收到"评分"信号时，给出的第一反应就是"打或跑"的模式，不自然地感受到某种威胁，需要立即防御起来。员工为了在这种压力环境下能够使自己不那么被动，或者让自己看上去表现很优异，在与管理者的日常工作互动中会尽可能把好的一面展现出来，隐藏了底层的问题。管理者与员工之间的沟通对话也将变得"泛泛而谈"，没那么全面、客观。管理者要想获得更全面、客观的信息来提高决策效率，也将变得比较艰难。

在传统绩效管理中，每当考评完后，管理者有责任和员工进行绩效面谈。通常的情况就是，员工想方设法谈及自己的贡献和优势，偶尔蜻蜓点水般地谈些不足。因为考评会影响自身的利益，没有谁愿意去主动、深刻剖析自己的各种不足，就算有，也不会在沟通中呈现出来。而管理者急切地想在绩效面谈中一方面降低员工对收入、发展的期望，一方面还期待员工在未来能够贡献更大的价值，或者从绩效结果中找到员工更多待提升的点。这样一种双向诉求不一致的绩效面谈，破坏了与员工之间的坦诚对话，效果终将不会太好,相反,给组织创造了"一切向好"的假象。

3. 让人看到更多的消极面

在传统绩效管理中,管理者需要通过收集大量的财务数据、员工日常行为表现及同事之间的相互评价去对员工进行评估。绩效评估的目的是提高员工的绩效,这意味着员工的工作表现是有待提升的。因此,管理者在日常观察与收集典型事件的过程中,就需要去捕捉那些"有待提升的事项"。在绩效面谈中,管理者往往前面讲了员工各种好的表现,突然来了一个"但是",这个"但是"的背后就是员工有待提升的事项。这样的表述,很容易让人把前面好的表现忘记,而加强了对"但是"之后有待提升事项的记忆。

人类关注消极的方面是天性,所以,当管理者在绩效反馈时提出一个负面评价的事例,容易打击员工的积极性,一并否定了过往好的工作表现。就算心态开放、具有成长型思维的员工也不太喜欢这样的负面反馈。最糟糕的是,这种负面反馈事件的背后还有评分的强制分布,将员工归类成不同的绩效等级,这更扩大了员工对负面事件的心理阴影面积。

4. 将人与人割裂开来

企业经营绩效是组织系统运营的结果,就像绩效考核指标的分解,也是从战略目标到部门目标,再到个人目标,由上至下,层层分解,战略目标的实现也是系统运营的结果。然而,传统绩效管理强调的是对个人绩效的评估，现实却是，个人绩效的产出都不是由其独立个体决定的，而是与上下游链条的产出、组织提供的条件和资源息息相关的。比如，对销售人员的考核指标设定为季度完成1 000万元的销售收入，但是，由于新产品上市的时间延后了，市场营销的节奏打乱了，生产的产品残次率高了，客户投诉及市场口碑下降了，等等，而最终影响季度没有完成1 000万元的销售收入，考核的结果明显可见，销售人员的心理接受度我们也能预期，将变得难以接受。

哈佛的一项研究显示，只有46%的投资分析师能够在新公司中重现自己的绩效，尽管他们以前都是绩效明星。根据研究，"绩效明星个人的成功很少只是个人的结果，而是建立在他们周围的支持结构的基础上"。换句话说，情况、环境和周边的团队都是造就绩效明星的一部分。这意味着企业通过专注于改进运作流程而非尝试提高组成该系统的个人绩效获得的好处更多。

传统绩效管理强调对个人绩效的考评，并且还要进行等级分类，从制度上，天然将人与人割裂开来。在工作过程中，一旦有利于自己业绩达成的，就会拼尽全力，使出各种手段，将其达成；不利于自己业绩达成的或者对自己业绩达成没有价值的，能躲就躲，高高挂起。

5. 协同变得更难

想象一下，你与同事竞争有限的加薪和升职机会，或者更糟糕的，只是为了在企业留下来，保住工作（有些企业实行末位淘汰，排名靠后的人离职）。竞争的主要依据就是你个人的绩效考评结果。部门与部门相比，部门内的员工之间相比，分出几等几级，关乎员工个体的生存发展，并且评估手段和方法还不那么科学、客观，很少有人会对绩效考评漠不关心。

传统的绩效管理让员工开始意识到，"要不决心往上爬，要不留在底层听任处置"。在某种程度上，这种绩效管理方法激发了员工的斗志，但是，也会造成员工的焦虑。这种焦虑会干扰绩效，特别是那些认为自己不会获胜的员工就不会努力。除了打败同事，没有理由让自己投入工作。相信自己不能打败同事的人从定义上来说，就已失去动力。而那些决心往上爬的员工，为了达成自己的目标，将以牺牲其团队成员的利益为代价。在这样一种充满政治氛围的工作环境中，团队合作、沟通和协作将变得更难，零和思维将占据上风，员工很难获得很好的业务成果，除了那些所谓的"绩效明星"。

如果企业真的要推动内部的协同发展，激发员工内在的动力，想要具有多样化技能、背景和观点的人们在组织中合作，那么必须拆除那些有害的竞争结构。

6. 外在激励远不如内在激励

随着社会的进步与发展，人的驱动力激发也经历了三个阶段：从出于基本生理需求的满足而产生的动力，到做出特定行为时会带来奖励或惩罚而产生的动力，再到目前的第三阶段，即由发现新奇事物、进行挑战、拓展并施展才能，以及探索和学习的内在倾向而产生的动力。传统的绩效管理还处于动力激发的第二个阶段，即通过外在的激励让员工能够更积极努力地工作。但我们现在知道，人要保持持续的工作动力，与其内在的价值观、对新事物的追求及在挑战和探索过程中感知到的成就感紧密相关。因此，外在激励远不如内在激励。

经济上的奖励措施不能提高绩效水平，金钱不是最大的动力。事实上，当金钱被认为分配不公的时候，其会成为一个很大的打击动力的因素。当员工对薪酬感到满足时，在跨部门、岗位职能和业务环境中激发员工的长期主动性上，内在激励将变得更加有效。

传统绩效管理利于短期绩效，忽视长期规划，引发恐慌情绪，破坏团队合作，滋养政治氛围。企业急需从以下六个维度重构绩效管理：从统一到定制；从个人目标到团队目标；从监督到期望；从单一评估、反馈到集体校准、多元对话；从关注过去的业绩到重视未来的能力；从重视薪酬激励到聚焦综合贡献。

从统一到定制

工业化时代追求的规模化与效率的持续提升，需要企业统一步调，标准化流程，精细化每个衔接环节，因此，在绩效管理中强调目标的层层分解，采用统一的绩效管理方式及制定一致的考评标准。然而，市场环境不确定性的增强、产品迭代速度的加快、客户需求的多样化，促使企业变得更加灵活，内部反应更加迅速，组织更加扁平，协同更加灵动，赋予业务单元更多的自主权，让其能够制定多元化的运营策略，去响应市场的快速变化，满足客户多样化的需求。因此，重构绩效管理，需要绩效管理方式从过去的统一到定制。

以曾经咨询过的某企业为例。该企业是一家以地产开发为主的多元化集团，除了主营业务地产开发，还包括商业运营、金融等快速发展的业务，以及文化和高科技生物等新兴业务。在开展咨询之前，该企业以战略目标为起点，对各个业务单元进行目标层层分解，绩效管理方式还是以KPI为主，过程性管控指标很少，一切都以业绩说话。但是，经过数年的绩效管理推进，出现了一些现象：成熟的地产开发业务，KPI每年基本上是可预期的，除非特别的市场行情，基本上都能完成，从业务经营数据上不能明显看出企业需要待发展的空间。快速发展的业务，如商业运营、金融，KPI完成率波动比较大，从过去三年的数据看，是比较容易突破当初设定的绩效考核基准的。而新兴业务，如文化、高科技生物的KPI设定达成率比较低，但是业务发展在往好的方向进步，从单一数据上并不能说明此业务处于颓势发展阶段。

这种以KPI考核为主，对不同发展阶段的业务单元进行一刀切，从绩效管理的效果来看：成熟业务的运营管理问题很难凸显出来，掩盖了问题；快速发展的业务，由于业绩完成率比较好,不能很好地引导团队夯实管理基础;新兴业务的 KPI 数据呈现不佳,容易造成企业对其资源投入的信心,不利于业务的成功孵化。

因此,通过大量的调研分析、行业标杆研究,以及不同业务运营特征与流程的分析,企业针对不同的业务发展阶段、不同行业的特点进行绩效管理方式的重塑与定制开发。

对于成熟业务地产开发,除了采用 KPI 为主的考核方式,增加了过程管理指标(特别是针对精细化运营管理方面的),增强主营业务的运营水平。针对快速发展的新兴业务如文化、金融,业务指标的考评占比在 50%,过程性指标占比在 30%,人才管理指标占比在 20%。快速发展的新兴业务除了完成业绩,还应思考如何快速形成企业的核心竞争力,甚至企业竞争的护城河,这需要加强对过程性指标的关注。更重要的是,怎样加强核心团队的建设,形成一支强有力的战斗队伍,构建组织的造血功能,这需要加强对组织的人才管理建设。

新兴业务的成功孵化是在一个更加不确定的环境中,需要企业战略的耐性及资源的持续投入。传统绩效管理方式很难起到提升绩效的作用,所以需要采取更加灵动的绩效管理方式。建议企业采用 OKR 的方式,将项目的成功路径设定清楚,每个步骤需要团队做哪些关键动作,把这些关键动作分解到每个工作职能上,通过端到端的协同机制,激发每个职能的主动创造性,将新业务往更好的方向一步步推进。

从个人目标到团队目标

上文中我们谈到过,在绩效考核中,聚焦于个人目标的考评将对内部协同、坦诚文化带来一定的负面影响。我们也认识到,企业能够创新性地解决问题需要加强团队合作。企业在进行绩效考核中要更加重视团队目标的考评,这样能够促使员工将其个人目标与团队目标紧密结合起来,在推动团队目标的过程中利于团队之间的协同,也可以让员工看到个体在其中的成长与收获。

如何推动绩效考评从个人目标到团队目标的转变,需要做到以下几方面。

1. 定义清楚"团队"人群

越来越多的企业进行敏捷组织改造,成立了多个跨职能的业务单元,这样类似的业务单元就是一个很好的可考评量化的团队,并且能够形成端到端的考核,利于团队"利出一孔,力出一孔"。在组织中,还有一种比较典型的团队,往往不易受绩效管理重视,就是各种虚设/实职的委员会或工作项目小组,其实企业通常设置这些委员会或工作项目小组都是为了阶段性推进某个重点业务事项,并且牵涉的部门与职能比较多,这样的团队更应该被纳入专项的绩效管理中来,为其成功落地保驾护航。

2. 确保团队成员清楚自己的目标

团队的共同目标要通过宣导、头脑风暴等方式加强成员之间的共识，并且将其与个体目标紧密结合起来，赋予其价值，让每个成员都具有强烈的使命感。

3. 营造一个安全的环境

为团队成员营造一个安全的环境，让他们可以坦诚地交流、反馈，好的、不好的信息都可以在团队中进行流转，打破信息的牢笼，让团队成员第一时间掌握各种信息动态，便于工作的持续改进、管理者的高效决策及组织对其资源的及时投入，推动团队目标的达成、个人的成长与收获。

4. 让团队成员清晰自己的角色

团队目标的达成需要团队不同的角色在不同的工作职能中发挥各自的优势能力。每位团队成员要明晰自己在团队中承担的角色与职责，快速形成协同机制。团队还需要让成员明白其自身的优势，以及团队目标需要其哪些方面能力的发挥，推动成员的探索好奇心，持续地学习与自我精进。

从监督到期望

传统绩效管理强调控制和监督。有些企业还建立员工日常行为表现及特定事件的清单，这无疑增加了管理者的时间投入，关键是这样的控制和监督行为并不能给员工业绩带来提升。员工进入一家企业，承担某一职责，在招聘环节其实已经对其有充分的评估，基本上能够预期员工进入企业后承担的角色及对企业产生的价值贡献。如果企业在绩效管理过程中设置更多的管理过程，增加管理者的日常负担及员工的心理压力，而不是让他们在各自的角色中充分利用好时间、精力，发挥其应有的功能，势必得不偿失。

为了提升员工的绩效，企业更需要管理者加强员工日常行为的及时反馈与辅导，而不是在例行的每个季度或年度进行绩效考评面谈，并且尽量在绩效考评过程中减少对管理者时间及资源的占据，员工也更需要得到及时反馈与成长建议。

> 通用电气人力资源主管苏珊·皮特斯认为传统绩效考核方式"更多地变成了一种仪式，而不是推动公司前进的举措"。通用电气因此放弃了以往的评估方式——每年与下属进行一次面谈，给他们的表现打分，并淘汰排在最后的 10%。通用电气目前在企业已经推行使用一款名叫"PD@GE"的应用软件进行工作反馈。员工会得到一份具体的短期工作目标清单，经理会经常与员工讨论工作进展情况。员工还可以随时通过该应用征求反馈意见。每年年底，经理依然会与员工谈话，不过他们更多地扮演教练的角色，指导员工如何最好地完成自己的目标。

从传统绩效管理的监督、控制转变为通过期望来管理，加强对员工的授权，让其在职责范围内能够更多创造性地解决问题，管理者需要及时对其辅导与反馈，经常与员工讨论工作进展情况，征求员工的意见，赋予工作期望与价值，让其充分发挥自己的优势与能力去实现目标。

从单一评估、反馈到集体校准、多元对话

传统绩效管理的单一评估、反馈有一定的片面性，从单一评估、反馈的事实本身来看，员工不一定能够完全接受，这会影响绩效反馈的效果。

一方面，企业要倡导让员工不仅从管理者那里，也从平级同事和其他同事那里获取持续的、实时的反馈，这将更加客观、全面地对员工进行评价，员工从心理层面也更容易接受。Globoforce 2013 年对员工认可的调查发现，90%的受访者表示同级提供的反馈比主管或经理提供的反馈更准确。除了能更好地看到彼此的工作，他们之间还会建立管理者无法效仿的信任和友情。

另一方面，企业还需要对绩效考评结果进行集体校准，避免单一的评估、反馈给结果带来的偏差。

> 谷歌对员工的评价不仅由直线经理做决定。经理给员工做初评，在这个初评结果最终确定之前，分成小组的经理会坐在一起，开始绩效考评校准，审阅所有员工的初评评级。某位经理的评估会与类似团队经理的评估做比较，他们会共同考评手

> 下的员工：5~10 位一组的经理会面，讨论 50~1 000 名员工的考评情况，达成一个公平的评级。

对绩效考评的集体校准能够避免经理受到来自员工的压力而提高评级的情况，即日常看到的绩效考评结果趋中现象，同时还能确保考评结果能够反映所有人对绩效表现的共同期望，能够在校准的过程中形成绩效考评共识。绩效考评校准的过程迫使经理向彼此证明各自决定的合理性，以此消除偏见，提升员工的公平感。

从关注过去的业绩到重视未来的能力

传统绩效管理是通过目标来管理的，核心聚焦在绩效考评上，这意味着中高层领导者需要投入大量的精力、员工需要投入大量的时间进行回顾总结，企业还需要投入额外的资源与成本来推动绩效管理的实施等，这一系列动作与投入，为的是每个人过去业绩的"计分卡"，有些舍本逐末。德勤每年要耗时 200 万小时为 6.5 万名员工炮制一份年度评价，每年在这一评价体系上至少需要耗费 2 亿英镑，但最终的结果是"让几乎所有员工失去工作动力，而且到处传播厌倦和悲观情绪"。

如果在做绩效面谈时更多聚焦于待改善的负面部分，虽然企业的中高层领导者都受过"正统的绩效面谈训练"，但也很难改变员工对绩效反馈的真实感知，那就是"我还需要再提升什么"。将类似这样的场景进行还原，能够看到员工"虚心接受"的模样，"坦诚至极"，可是这些表情都不能掩饰其内心"充耳不闻"的回荡。

如果在绩效面谈时一直谈正面事迹，想以此来激励员工，时效性又慢了一拍，因为对员工最快速、高效的激励是及时表扬。正面事迹的激励，可能会推动员工前进，但推动员工前进更大的动力来源于企业打造员工未来的能力，为其提供更好的职业路径。

重构后的绩效管理应该让企业将焦点集中在团队未来可能实现的目标上，而不是过去的业绩考评。特别是在绩效面谈中，要讨论员工的优势和能力，如何能够让其充分发挥价值。鼓励员工开放心态去探索新的、感兴趣的工作，而不一定是过去经验覆盖的。通过未来的可能实现的目标，吸引员工去想象或者预设自己的角色与梦想，并引导他们可以做些什么，还需要组织提供哪些资源和条件，协助他们更好地完成业绩目标。倾听他们、挑战他们，并成为他们创建未来的伙伴。

清晰的职业发展路径是构建员工未来能力的向导。组织要设定明确的职业发展路径，并且清晰地将其传递给员工，以便他们能够在构建未来能力时自行选择，并意识到职业发展的潜在机会和挑战。

从重视薪酬激励到聚焦综合贡献

传统的绩效管理结果最终将会和员工的收入、晋升及发展挂钩，能够阶段性对员工产生激励的效果。即便如此，企业在实践中也需要关注以下三点。

1. 业务团队和平台团队的薪酬激励要体现差异化

业务团队更多的是以业务目标达成为根本，平台团队是支撑业务团队达成目标，两者都有其价值，但在薪酬激励上，业务团队的绩效奖金比例应该更高，而平台团队的绩效奖金比例相对要低些，这样利于推动业务团队的"狼性"。

2. 小团队薪酬激励和团队结果挂钩

在企业中，往往有很多为了实现某一目标而设定的小团队，小团队的奖金激励要与团队的考评结果紧密挂钩，利于推动团队的合力形成。

3. 给跨部门/跨职能的项目或公司战略级项目设立额外奖金

在企业中，有很多重要的战略级项目，需要跨部门/跨职能合作才能完成，而这些往往都是需要本职工作之外的投入，企业需要对这样的团队设立额外奖金，激励团队更高效地完成项目目标。

从绩效激励本身出发，企业除了对上述三点要极其关注，还需要考虑员工的综合贡献。当员工有了新经验，掌握了新技能，以及具备更高的解决问题的能力时，企业应根据市场价值支付给他们更高的薪酬，而不完全是从绩效考评结果出发。企业的有些业务处于一个持续投入、孵化的阶段，从绩效考评的结果来看，并不那么理想，但从该业务长远的发展贡献来讲，其中有很多员工进行了创造性的发明或者为新产品的更新迭代提供了决定性的技术与研发支持，为新业务奠定了良好的基础，企业应当及时对其肯定，并且将这种贡献纳入薪酬的提升、职业的发展等方面来综合考虑。

当然，薪酬激励并不一定是最好的激励，还可以有其他更好的补充。

（1）管理者的及时肯定与反馈。

（2）良好的同事关系，简单的工作氛围。

（3）公司的使命、价值观让人感同身受、高度认可。

（4）具有挑战性的工作。

（5）清晰的职业成长路径，并且是有迹可循的。

（6）培训发展与多样化的学习成长机会。

……

Chapter 8
第八章

事业合伙：
构建利益共同体

随着新技术的迭代发展，企业价值链正在发生微妙的变化，企业边界被快速拓宽，而新的商业模式为传统的雇佣关系带来了巨大的挑战，个体的价值在创新时代得到充分的激发与展现。新的企业价值链在形成过程中都将呈现出哪些特征？它对组织与个体关系将带来哪些变化？企业如何去激发并认同个体的价值？这些问题都值得企业经营者深思。

新的企业价值链正在形成

企业为了实现经营的目标，通过一系列互不相同而又相互关联的经营活动和管理行为给利益相关者创造和传递价值，这些互不相同而又相互关联的经营活动和管理行为连接起来，就是企业价值链。传统的价值链更多是以企业内部价值活动为核心形成的。而如今，随着整个市场竞争格局的变化，企业价值链要从过去以内部价值活动为核心转变为以内外部价值活动整合为导向，将内外部的价值链进行打通，使企业不仅仅聚焦在上游供应价格与成本、下游流通价格与收益上，而且关注整个价值链的成本、效率和价值创造活动。企业价值链不仅包括企业的内在能力，而且包括企业的外部竞争力。

1. 用户不单是购买者

在新的价值链体系下，用户不单是需求的提供者、产品的购买者及企业经营收入的贡献者，还将是产品的开发及产业价值形成的参与者、创造者与使用者。

> 1980年无印良品诞生于日本，主营服装、生活杂货、食品等各类优质产品。无印良品每年要推出数千种不同的产品，并且其产品以简约、环保和实用而获得用户的信赖。无印良品在产品开发方面也有其独特之处，它将用户纳入整个产品开发流

程中。在无印良品设置了一个非正式的被称为"生活良品研究所"的研究部门，通过实体店铺和网络与用户交流。当用户发现没有想要的东西时，无印良品的日本用户会习惯于主动登录生活良品研究所的网页，并写下他们的建议。无印良品会根据用户提供的建议，通过内部一套运作机制来将用户纳入新产品的开发流程中。

（1）根据生活良品研究所所得结果，提出新产品研究项目的目的。

（2）提出详细的试用产品应征方案，明确时间点、试用者的权利和义务。

（3）在一周内，针对网络会员发放调查问卷，对答题者提出要求。

（4）两个月后，在生活良品研究所网站发布整理好的图表数据报告。

（5）产品发布之前的两周，再次通过用户调查完成试用者研究报告。

（6）产品改进完成，发布改进要点，并且附上新产品购买链接。

2. 企业竞争的版图扩大了

新的价值链强调内外部价值的整合，这种整合将带来新的价值创造的可能性。比如近些年在零售行业出现的新零售模式——

线上线下相结合。在此模式没有诞生之前，零售行业只是线上的电商与线下的实体门店的竞争，电商与电商的竞争，线下实体门店与实体门店的竞争，这种竞争格局对于企业来讲，相对是明晰的，从内到外的竞争优势如何构建也是有一定策略的。然而，随着新零售模式的出现，企业的竞争版图扩大了，变得好像没有了边界，企业的竞争压力势必大增。企业经营者能够选择的就只是怎样提升自己的核心能力，在这个新的价值链中如何发挥自己的独特价值，使企业能持续发展。

3. 独特价值凸显

当今商业是一个互联互通的世界，昔日的竞争对手在当下某个时刻也会成为紧密的合作伙伴，就像之前的银泰与阿里巴巴。从零售大行业来讲，两者是竞争对手，但是后来阿里巴巴入股银泰，两者又紧密地合作在一起，激发出 1+1＞2 的效果，凸显出跨界合作的竞争优势。

在新的价值链体系下，无论企业处于上下游价值链的哪个环节，都需要发挥各自独特的优势，否则企业之间就没有合作的基础与必要。很难有一家企业能够把上下游价值链的产品与服务全覆盖，即便阿里巴巴、腾讯这些新商业的大型机构，也很难做到。企业之间应相互合作，各取所优，发挥出整合协同的叠加效应。

在新的价值链体系下，企业需要打造自己的独特优势与价值，清楚业务的边界在哪里，哪些是自己的优势所在，哪些是自己不太擅长，但又可以去整合协同的部分。要想企业的优势发挥到极致,需要在整合协同的部分找到具有独特价值的伙伴,进行合作共赢。

4. 新理念、新机制

价值链在新商业环境下重构,用户的角色定位更加多元化,企业的竞争开始变成整体价值链的整合优势竞争。在新的价值链体系下,企业内外各组成部分的价值发挥远超在企业内部的协同,需要更加开放。新的价值链体系下的各环节的运营数据、商业计划等信息、数据需要更加透明,便于链条各环节的衔接。新的价值链各环节的经营体对外市场是一致的,战胜竞争对手,获取更多的商业利益,是大家一致的追求。新的价值链体系将各环节经营体组成了一个命运共同体、利益共同体。

在新的价值链体系下,工作边界与角色将更加多变,曾经的员工可能会成为某一环节的经营合作伙伴,某一环节的经营合作伙伴有可能成为企业的一员。这种角色的转换将改变组织的管理模式、考核方式及薪酬激励方式,更加强调共享、共创与共赢。

重塑组织与个体的关系

在工业化时代,大多数企业采用的是自上而下的金字塔组织结构,它呈现出立体的三角锥体:高层、中层与基层构成了等级森严的组织结构,这种结构保障了组织运行的稳定。企业通过计划管理、执行流程来加强对工作成效的控制与监督，能够快速集中资源，提高生产效率，实现快速发展。然而，随着市场经济的发展，技术更新越来越快，信息传递更无边界，市场环境多变而复杂，传统的组织结构很难适应快速变化的外部环境，需要重塑组织与个体的关系。

1. 合作代替管理

在传统的金字塔组织结构下，企业的生产经营是靠管理行为来推动的，并且个体的价值发挥需要依附于企业提供的生产要素。而在知识资本的时代，个体的价值将变得比生产要素更加重要，因为生产要素的规模并不能构成现代商业竞争的关键优势，而人才背后代表的技术、创新价值将影响企业在市场竞争中的地位。

遵循传统的指令式管理，不能有效地激发个体的创造性，合作将变成主流。随着信息的获取越来越便捷和高效，个体的能力更新也越来越快，管理者的个人知识结构不一定能够覆盖其管辖的专业领域，这势必需要多收集员工的信息，听取不同专业者的建议，才能做出合理的决策。就像交响乐团的指挥官一样，他不一定能演奏所有乐器，但这并不影响他指挥各个演奏家共同奏响美妙的"圆舞曲"。

2. 打破层级思维

在工业化时代，组织需要自上而下、一层一层地推进战略的分解与目标的实施落地，靠的是井然有序的层层管理，但这也在组织中逐渐形成了牢固的层级思维。这种层级思维会让员工只聚焦自己的工作，按照组织的要求或者岗位的诉求去完成本职工作，而不会积极发挥个人主观能动性去创造性地解决问题。因为创造性地解决问题更多的是需要跨部门的协同与资源的投入，而在层级思维下，利益既得者的诉求往往是不一致的，跨部门的协同与资源的投入势必很难推行，终将打击员工的积极性。

在现代商业竞争环境下，不能随着市场环境变化而创新的企业终将消亡。企业需要从依靠层级管理、细致分工转变为尊重员工个体、打破层级、激发员工的创造力。随着外部环境不确定性成为常态，企业能否快速、敏锐地针对市场实施有效策略将成为其核心竞争优势之一，这种快速、敏锐的市场反应能力需要组织效率更高，内部的流转节点更少，传递更精准，执行更高效。德鲁克曾指出："组织不良最常见的症状，也是最严重的症状，便是管理层级太多。组织结构的一项基本原则是，尽量减少管理层级，尽量形成一条最短的智慧链。"

3. 有机的整体

新商业环境下的高效组织应该是为了达成共同的目标而形成的一个有机的整体：彼此连接，紧密协作，缺一不可，成员之间能够通过交流一起做决定。这犹如一个足球队，每位球员都是达成目标的必不可少的角色，彼此需要通过严密的协同来将球"有序推进到对方的球门内，获取胜利。在足球队中，没有一个绝对的领导权威，每位球员都是通过对自我角色的认知及战术策略的理解来与其他球员进行互动的，大家协同行动。协同的高效程度决定着团队最终的成果，所有团队成员需要共担责任。

在足球队比赛中，每位球员从完成的动作质量到对技战术的理解与执行等方面都有不同的贡献。就像每次球赛结束后评比该场比赛的最佳球员与最佳阵容一样，总有一些球员表现得更活跃，但这并不意味着表现最活跃的球员主宰了整个比赛。同样的道理，企业中那些闪耀的明星员工的价值非常高，但价值发挥的背后并不完全是其个人的能力贡献，而是体现了类似团队这种有机整体的能力贡献。唯有如此，企业才更具潜在的竞争力与未来的延展性。

从雇用到联盟

1. 职业发展的不安定感

每当进入一家新公司时，你都会受到这个"大家庭"的热烈欢迎，并表示希望你在今后许多年持续为公司效力。现实是，一方面无论何时，基于何种原因，你都可能被解雇，甚至不需要任何理由，你也可能被解雇。另一方面，企业又在尽可能地动用各种资源，来保留优秀员工，对他们许以承诺。然而很遗憾，许多员工做好了两手准备，一旦有好的机会就跳槽。这种职业发展的不安定感，给组织与个体都带来巨大的压力与消耗。

企业为了追求更高的收入、利润，在面对市场竞争的时候，阶段性地可能需要采取裁员的策略，甚至有时候为了短期资本市场的股价表现，也需要缩减人力成本，这给员工的职业发展带来强烈的不安定感，打击员工的自主性与创造力。尽管企业给出了许多似乎很有逻辑的道理，但是也不能给员工带来任何宽慰。员工接下来要思考的就是，如何保护好自己，怎样让自己在企业中留下来。

没有忠诚员工的企业就是没有长远谋略的企业，没有长远谋略的企业就不能投资于未来机会，而无法投资于未来机会的企业终将走向消亡。

2. 构建新型雇佣关系

随着个体价值在企业发展中作用的凸显，以及市场竞争一定意义上变成了人才的争夺战，企业开始投入资源加强对人才的保留，尤其是各种物质激励措施方面的投入。这些措施在某个阶段是有一定价值的，但企业优秀的人才仍然在跳槽，其初衷并不一定是为了更高的物质收益。

无论企业如何渴望稳定的环境，员工如何期待在企业的长期发展，外部环境已经在发生剧烈的变化，企业要想留住核心人才，除了物质条件的满足，更需要构建一种基于信任、共同的价值观和目标、个体价值与组织价值紧密连接的合作关系。这种合作关系不是根植于利益，而是建立一种新型忠诚观，它既承认经济现实，又允许企业和员工对彼此做出承诺。这种雇佣关系联盟为企业和员工提供了建立信任、进行合作以建设强大企业和成功事业所需的框架。由此，雇佣双方才能够基于承诺，做到言行一致，"力出一孔，利出一孔"。

3. 提高员工的市场价值

构建新型雇佣关系，让员工能够持续地为企业发展贡献价值，核心是提高员工的市场价值。正如贝恩公司首席人才官拉斯·哈吉所说："我们将让你更抢手。"假定员工离开公司只是时间长短，而不是会不会的问题，那么企业的激励目标就将围绕让员工在尽可能长的时间内为企业做出更多的价值贡献。企业需要做的是提供更好的环境、资源、条件、学习发展机会等，让员工能够自我成长，提升员工的工作能力。员工也需要明白，自己最终将要离开所在的企业，此时需要做的就是如何在这期间使自己有更好的成长，怎样让自己可以承担更多的挑战任务以提高在企业的价值产出，扩展自己在行业的影响力，让自己在市场上更有竞争力。

企业应该面对这"美好而残酷"的现实，组织的活力需要在人才流动中不断前行，培养、发展、提升员工的能力并不是为竞争对手培养人才，而是为了让人才能够在企业工作，为企业尽可能长地持续贡献价值。一旦员工发现自己在企业没有获得任何成长，那么他们必将选择快速地离开企业。就像通用电气被称为"CEO 的摇篮"，在世界 500 强企业中，有 170 多位 CEO 是从通用电气出来的，通用电气提升了员工的市场价值，但并没有影响通用电气的发展，相反，通用电气能够吸引全世界更多的优秀人才为其效力。

成为合伙人

在价值分配中,传统工业时代强调薪酬与福利,而在如今的知识经济时代,企业不仅要考虑劳动,还要考虑风险资本的作用。用出资权的方式,把劳动、知识转化成资本,把累积的贡献转化成资本,使得员工与企业的关系不再是单纯的雇佣关系,而是合作伙伴关系,增强员工职业发展的稳定感,但又不让其感觉这是终身制铁饭碗,需要在持续奋斗中获取更多的价值增值。

华为在开创初期,采用以劳动成果为本位的产权结构,团结一切员工,形成一个利益共同体。在企业走向规模经营的时候,又非常重视解决按劳分配与按资分配的关系,形成新老员工共同奋斗的情景。超过80%的员工在企业持股,增强了企业的自我更新与持续成长能力。德勤作为知识经济的企业代表,其合伙人制保障德勤长久以来的发展与成功。作为知名医疗连锁上市公司的爱尔眼科,既是资本密集型产业,又是知识密集型产业,其通过新型股权激励形式,快速扩张规模,并吸引和保留专业眼科人才,非常值得企业学习。

1. 德勤:知识经济时代的真合伙

在以知识为核心生产要素的组织机构中,人才是最重要的资产。人才的保留与培养决定着该机构在市场的竞争力,因此,必须建立一种新的合作机制,激发人才能够长期为企业做出价值贡献。

德勤至今仍保留着合伙人机制，对于新晋合伙人，需要完成严格的绩效标准才有准入资格，新合伙人必须"优于现有合伙人的平均水准"，并需要所有合伙人投票通过才能当选。新合伙人入伙时，企业将增发股份，稀释现有合伙人的股份，并完成工商登记，从而成为真正意义上的股东，每年有两次分红。如果股东退休或离职，公司将按照购股价格退股。

从德勤合伙人机制设计可以看出：新进入的合伙人需要给德勤带来更大的增值。合伙人的利益通过实际股权的方式将会得到保障与未来资本增值。合伙人不单享受未来资本增值收益，每年还有两次的即时收益分红，长短期利益都综合考虑了，也有大家都能接受的退出机制。这一设计值得国内同类型的组织机构学习，不要搞一些虚的名头，而应该把合伙人机制以实际股权的形式落到实处。

2. 华为：将知识转化为资本

华为早在 1990 年就推出了员工持股的概念，让员工成为事业合伙人。与其他企业事业合伙人不同的是，华为的合伙人持股平台是工会委员会，合伙人收益主要是股票的分红。

华为实行将知识转化为资本的新型合伙人制，吸引和保留了大量的人才，造就了华为在短短 20 多年里成为全球通信设备领域的领先者。就像华为上任轮值 CEO 徐直军在接受采访时谈到，员工持股机制是华为成功的最核心要素。他说："任总认为高科技行业需要大家一起进行利益分享，我们的员工持股就是知识资本化，员工分享企业的利益。正是因为员工持股，才使我们团结了这么多的人。西方的咨询公司发现，我们公司干部队伍储备是很充足的，这是他们不可想象的。要想挖我们一位中高级主管很难，因为待遇你是开不起的。"

当然，华为从创业以来其持股机制也在持续变化，但是其围绕的核心还是以劳动、知识、企业家和资本四大要素产生的价值来进行分配，价值评价的原则是向奋斗者和贡献者倾斜。

3. 爱尔眼科：基金+

爱尔眼科是一家知名的眼科专业医疗连锁机构，已在国内上市。为了快速扩张规模，他们在全国各地投资新建医院，但是，新建医院会面临两大挑战：一是资金的压力，一家眼科医院的硬件投入是比较大的，二是专业的眼科医生，如何快速获取或者吸引好的眼科医生加入。爱尔眼科采取了引进外部资金的方式来解决自有资金压力的问题，投入新建医院的大部分资金都来自产业并购基金：产业并购机构由基金管理机构作为普通合伙人，爱尔眼科与外部杠杆资金作为有限合伙人。

爱尔眼科会让新建医院的团队以有限合伙的形式参与投资眼科医院，爱尔眼科下属子公司当普通合伙人，母公司的核心技术、运营人员一起来投钱。

这种通过外部杠杆资金，以基金的方式来投资新建医院的形式，一方面减轻了企业的自有资金压力，另一方面也空出资源让新建医院核心团队可以投资持股，激发个体的主观能动性，将企业、机构投资者与核心团队三者形成一个命运共同体。

内部创业

中国古话常说："财聚人散，人散财散；财散人聚，人聚财聚。"这句话强调了共同分享成果对企业的价值。很多企业也在分享成果部分投入了很多的资源，设计了很多新的激励方式，除了上文提到的合伙人制度，在企业文化、工作氛围、团队建设等柔性激励方面也进行了一系列创新。

我们也深知，无论是薪酬、奖金、分红，还是股权及期权带来的未来资本增值收益都是外在的激励方式，在一定时期内能够取得效果。然而，员工的内在动力更多来自工作的成就感，工作本身给其带来的乐趣与价值感才是持久的。内部创业就是将内外部激励结合的一种方式。

1. 完美世界：从员工到股东

完美世界控股集团是全球领先的文化娱乐产业集团。拥有影视、游戏、院线、动画、文学、媒体、教育等业务板块。完美世界股份有限公司（以下简称"完美世界"）为集团旗下上市公司，涵盖完美世界影视和完美世界游戏两大业务板块，2018年实现营业收入80多亿元，利润18亿元。完美世界自2011年至2018年，7次位列中国文化企业30强，并获评2011—2012年度、2013—2014年度、2015—2016年度、2017—2018年度国家文化出口重点企业。

从完美世界的业务领域我们能够看出：一是横跨多个业务单元，如何发挥各自独特优势而又不失去内部的活力，是其面临的挑战；二是其涉及的领域都是以知识、创意为主的业务，人才的创新能力是业务的核心竞争优势，如何保留并激发这些人才，显得尤为关键。针对这些挑战，完美世界建立了一套内部的孵化机制，鼓励内部创业，并且针对不同阶段的孵化项目提供不同的资源和激励制度。

完美世界内部创业划分为员工、工作室、公司与资本运作四个阶段，每个阶段设置了清晰明确的进阶指标，达到相应条件即可进阶。

（1）员工阶段：主要聚焦在员工经验的培养，要求能够将产品做好。激励方式主要是薪酬、奖金和项目提成。

（2）工作室阶段：有研发成功的产品经验，具备创新能力和项目管理能力，已形成团队或有组建团队的能力。除了员工阶段的收入，新增高达千万级的分红。

（3）公司阶段：连续研发成功产品的工作室，3款产品月收入超过3 000万元或两款产品月收入超过5 000万元，可以分拆为子公司。可以自行制定薪酬体系，独立核算，团队持股30%~49%。

（4）资本运作阶段：成功开发了4款以上产品，子公司年利润大于2亿元。母公司可出让股权，甚至可出让控股权。

完美世界通过内部创业孵化四阶段，吸引与保留了大量的优秀人才，促进了内部资源的共享与产业协同。平台公司通过孵化主营业务的上下游项目，可以给孵化项目输出客户、供应链、技术与其他资源，平台公司与孵化项目之间实现产业协同。

2. 塞氏企业：卫星计划

塞氏企业是巴西最大的货船及食品加工设备制造商，是一家制造上千种产品的大型跨国企业，实现了年均25.7%的销售收入增长。即使在巴西经济不景气的情况下，塞氏企业也能够逆流而上，利润翻了5倍。过往很多机构研究塞氏企业的成功因素，都相对聚焦于其柔性的激励部分，如自由上下班时间、无规章制度、组织扁平化、利润共享及自组织管理等方式。其实塞氏企业的成功还得益于一个非常重要的激励员工自己创业的"卫星计划"。

塞氏企业的"卫星计划"是把企业的基础制造业外包给员工创立的公司，而不是我们通常理解的外包给外部合作伙伴。塞氏企业鼓励并帮助员工成立他们自己的公司来承接公司业务，将员工转变为合作伙伴。为了使这种转化更容易，塞氏企业把生产设备以优惠价格租给员工，为员工在价格、质量、税务等方面提供建议和帮助。迄今为止，在塞氏企业的帮助下，已经有二十几家卫星公司成立。塞氏企业内部接近一半的生产任务都移交给了它们，同时没有一家卫星公司倒闭。

塞氏企业为何愿意鼓励员工创立公司来承接其业务呢？首先，这样做降低了固定劳动成本。它有助于减少库存，因为公司通常储备的原材料和备用零配件散布到了新供应商那里。其次，当人们拥有自己的公司时，将从打工者的心态向创业者心态转变，能够极大地激发个体的潜能,将参与度提高到一个更高的水平。最后,对塞氏企业来说,"卫星计划"意味着非常大的灵活性。塞氏企业只在有需要的时候才购买产品;从生产工作中解脱出来之后,塞氏企业可以专注于设计、工程和更好地装配产品;塞氏企业不再因为那些昂贵的机器摆在那里而感到必须去使用它们,因此管理不再局限于程序和流程。

Chapter 9

第九章

柔性激励：
自我价值的实现

20世纪四五十年代，在激励理论研究方面，相继诞生了马斯洛需求层次理论、成就激励理论及双因素激励理论，这些理论指导了半个多世纪的企业激励实践。

马斯洛需求层次理论把需求分成生理、安全、爱和归属感、尊重和自我实现五类需求，依次由较低层次到较高层次排列，明晰了人的五个需求层次及阶梯式的关系。美国哈佛大学教授麦克利兰根据研究结果，对需求层次理论进行了延展，提出了成就激励理论：人除了生存需要，还有三种重要的需要，即成就需要、权力需要和友谊需要。而赫茨伯格研究表明，使员工感到满意的都是属于工作本身或工作内容方面的；使员工感到不满的，都是属于工作环境或工作关系方面的。他把前者叫作激励因素，后者叫作保健因素，这就是著名的双因素激励理论。其与马斯洛需求层次理论也有一定的关联延续性，保健因素相当于马斯洛提出的生理需求、安全需求等较低级的需求；激励因素则相当于尊敬的需求、自我实现的需求等较高级的需求。

随着经济的持续稳定发展，人的基本生理需求、安全需求在一定程度上都能得到保障与满足，因此企业更应该创造条件去满足员工被尊重、自我实现、有价值感等高层次的需求。但是，企业过去太专注于有形的奖励，如加薪、期权、奖金及意料之外的奖励等，这些措施有其重要的价值，在某个时点是激发员工战斗力的一种方式，这远远不够。企业的经营是一个持续的过程，员工的工作动能也要具有持久性，才能有稳定的价值贡献。

在个体自我觉醒的时代，人的自主意识才是工作产出的原动力，不能自主自发，即便提供了各种有吸引力的物质条件，也未必能够产生价值贡献。根据罗致恒富公司（Robert Half and

Associates）的研究，组织里普通员工的能力在工作中大约只发挥50%，另外的 50%则是在工作时间内被浪费掉了：与同事闲聊、上网冲浪、购物及处理个人事务等。在该公司研究的企业中，不乏各种明星、条件优质的企业，但员工的价值贡献也还是没有被充分激发出来。鉴于此残酷的现实，这些企业也做了大量的工作来激励员工的动能，提升其业绩贡献，尤其加强培养干部的激励能力，但实际情况不太尽如人意。就像鲍勃·戴维斯所说："一个人激励另一个人，这是绝对不可能的。"因为人不用去激励，人生来就能自我激励。人的行为受个性与环境的影响，个性与环境都是有机的系统，企业需要做的就是创建这些系统关系以某种方式来释放其能量。

设定挑战性目标

企业的目标是追求利润和创造股东价值，以一个更高的目标为动力就会使企业产生更加广泛的影响力。目标不是最终的目的，而是原因，是企业存在的根因。更高的目标和共同认可的核心价值把企业上下凝聚在一起，同时也将员工动机、业绩和职业投入度拉升到一个新的高度。设定更高的目标能够让人们愿意一起承担艰难的工作任务，促使每个人更努力地工作，克服无法避免的冲突和挑战，并且员工的流失率低于行业平均值。在通用电气的辉煌时期，韦尔奇为公司定下的挑战性目标是"人人都要去做几乎不可能完成的事",从而迫使员工超出他们以往认为的自身极限,取得惊人的成绩。

1. 设定挑战性目标的内在动因

给员工设定挑战性目标,就像企业打造愿景宣言时的流程一样。下列企业的愿景宣言证明了这些企业成立的目的与设立和争取实现挑战性目标的理念高度一致。

> 谷歌:"组织世界上的知识,让人们能够广泛访问并加以利用。"
> 阿里巴巴:"让天下没有难做的生意。"
> 微软:"我们的愿景是每个家庭都有一台运行微软软件的个人电脑。"
> 耐克:"帮助耐克公司和消费者在可持续经济中茁壮成长,在人员、利润和地球环境之间形成平衡。"
> Facebook:"赋予人创建社群的权力,让世界融合在一起。"

企业的愿景宣言就是企业的挑战性目标,是未来很长一段时期需要持续努力奋斗才能实现的,是企业经营发展的向导,也是企业经营的内在驱动力。具有一定挑战性但又有可能达成的目标能很好地激发团队成员的工作激情。管理者的职责是激励自己的团队向总体目标努力,因此,就要为自己的团队设定一个挑战性的目标并制订相应的计划。这样的目标具有足够的动力促使下属发挥他们的工作技能以便实现工作目标。

> Google 会刻意设定很有野心的目标，即使知道这些目标不可能每次都全部实现。如果员工完成了所有目标，就说明设定的目标不够有挑战性。Google 不会把所有目标都设定得很激进，所以激进目标的选择和设定需要一些智慧。恰如 Google 创始人拉里·佩奇经常说的："如果你设定了一个疯狂、有野心的目标，最后没完成，你也至少能取得一些了不起的成就。"
>
> 因此每个季度刚开始时，拉里会设定公司的 OKRs，公司激励每个人设定的个人 OKRs 要基本与 Google 整体 OKRs 相适应。个人目标与组织目标相契合能起到激励作用。如果个人 OKRs 落后得太多，那么要么给出合理的解释，要么重新设定。此外，个人 OKRs 在公司内部是公开的。

为了规避挑战性的目标可能无法实现从而打击员工积极性的风险，在设定挑战性目标时，将每个关键节点、产出成果尽可能最小化，用一次次的小的胜利来强化员工的信心、激发员工的斗志。

2. 激活最佳自我

激活最佳自我的最大好处是，它能够产生长期的连锁反应。最佳自我指的是个人在工作中自我感觉到的最好表现，这种心理作用能够让员工体验到热情等积极的信息，推动员工发挥更多的创造力，通过更优秀的创造力产出工作成果，并且在过程中与客户和同事更为有效地互动，进一步肯定最佳自我，从而带来更加积极的情绪与表现，更进一步肯定自我，由此产生良性循环。

密歇根大学教授茱莉亚·李在一系列研究中发现，经历过最佳自我激活的人会具备更强的免疫反应、更高的问题解决能力，并且焦虑与消极的生理唤醒次数也会减少许多。因此，激活员工的最佳自我并触发他们的求知探索欲望是实现自我激励的绝佳方式。

首先，管理者需要创造机会让员工能够发挥自己独特的优势。当员工在工作中充分展现自我的独特优势时，能够觉察到自己对组织明显的价值贡献，即便是管理者赋予的，也能够对最佳自我产生正反馈，让员工更有活力。

其次，企业应该鼓励员工重塑自己的职位。科层制管理的最初目的是使工作去个性化，这样员工才能被复制，并且以标准化、规模化开展生产。然而，在新技术蓬勃发展的时代下，员工的需求已经转向创造力与创新，这也是企业人才经营管理重要的目标。原有的等级分明的职位头衔、监督管控、复杂的绩效评估流程将产生负激励。新一代的工作者更看重自我表现，企业应该从职位本身出发，提供一个让员工能够自我展现的平台，适时鼓励员工重塑自己的职位。

3. 招募有激情的员工

公司里的激情氛围明显与员工和公司目标之间的联系紧密程

度息息相关。要想构建有激情的团队，企业就要招募到有足够激情的员工。有激情的员工自带内驱力，企业只需要给他们一些理由，一些高于他们工作本身的信念，就会有效地激发他们，否则他们就会激励自己去找一份新的工作。而那些没有激情、没有进取心的人来到企业只是为了一份工作，挣一份薪水，企业应该将其甄选出来，逐渐淘汰或者一开始就不让其进入企业。

在 Google，有一批"创意精英"，这些人并不拘泥于特定的任务，也不受公司信息和计算能力的约束。他们不惧怕冒险，即便在冒险中失败，也不会受到惩罚或牵制。他们自动自发，心态开放，充满好奇心，善于沟通。他们富有激情，积极进取。Google 认为，有激情的员工具有以下特征：

（1）在面试时，把激情经常挂在嘴边的人，通常不一定具有激情。

（2）有激情的人不会用激情到处招摇，激情在他们的心中，在他们的行动中。如果某人对一件事充满激情，那么即便刚开始没有获得成功，他们也会长时间坚持下去。

（3）激情包含坚持、刚毅、认真及专注。在甄选人才的过程中，要多了解相关特质的工作案例。

（4）有激情的人一谈起自己的追求往往会滔滔不绝。

（5）如果从工作案例中很难辨别是否有激情，不妨从提问个人爱好开始。

赋予价值感

在企业经营中，团队成员的效能没有得到充分发挥，员工没有积极投入，只为工作而工作，那将是企业最大的资源损耗。盖洛普曾对这一问题进行了广泛的研究，结果表明，在美国有超过50%的员工对工作不投入，有接近20%的员工对工作极其不投入。所有这些不投入的代价是，每年生产力损失约3 000亿美元，比葡萄牙、新加坡、以色列的国内生产总值还要高。美国的情况还不是最糟糕的，根据麦肯锡的另一项调查，在一些国家只有2%~3%的员工对工作高度投入。

造成上述问题的一个很重要的原因就是，企业只知道分配任务，机械地配置工作，而没有在配置工作过程中赋予价值感，让员工清楚地知道自己所做的工作可能带来的现实产出及深远影响。就像苏格拉底所说："不懂得工作意义的人常视工作为劳役，其身心必多苦痛。"

1. 企业使命、价值观的宣导

强调一个与公司利益一致、可以指导决策的更高使命能促使员工摆脱旧有的倦怠行为方式，在工作中发挥潜力。企业树立更高的使命不单指经济方面，还要反映更加鼓舞人心的信念。就像阿里巴巴的愿景宣言"让天下没有难做的生意"，这样一个崇高的使命将吸引更多认同的人才加入，也会指引阿里巴巴员工持续不断地创新发展。

很多企业也有崇高的使命，但只是放在公司主页的宣传栏中、公司的背景墙上，而没有植入组织的基因中、员工的行为里。企业使命一方面要保持始终如一，另一方面要将内涵、外延进行剖析，延伸出价值观及企业经营的具体指导行为或纲领。就像《华为基本法》一样，从使命、价值观到日常经营行为准则，贯彻始终，这样才能让员工深刻理解并坚守信念，激发员工的内驱力与工作激情，为企业崇高的使命而奋斗。

2. 明晰工作产出及意义

企业的工作流是否清晰，从一定意义上影响了员工对其本身工作意义的理解。很多员工之所以关注自我，是因为不清楚其工作给业务带来的影响。企业首当其冲，要将业务流厘清，并且让每个节点的员工都知道上下游工作链条的功能，这样会让员工在完成工作的过程中更具有大局意识，启发其主动、深度思考。因为他们深知由于自我工作的产出，将给其他伙伴带来什么积极的影响。

管理者在配置工作任务时，应当清楚说明该工作任务的产出成果及其意义，无论是对员工本身还是其他伙伴，甚至公司业务产生的正向价值，都要进行充分阐述，这样才能激发员工的责任心。当员工建立起强大的责任心时，工作任务完成的质量将比没有责任心更有价值。虽然这些价值很难用量化的指标进行衡量，但潜移默化的微小改进累积起来，将形成一种势能，推动企业经营的发展。

3. 让员工能感知到工作的意义

在很多公益机构里，成员是没有任何酬劳的，也没有任何额外的激励，但这并不影响其投入时间、资源来为公益做贡献。这是因为公益机构的成员在实施公益项目的过程中，看到了其工作给某一群体带来的正面价值，让其感知到自我价值实现的力量。因此，企业应该创造条件与机会，让员工感知到其工作的产出给客户、社会及人类带来的正面影响。这也是为何很多高精尖人才不完全因为薪水待遇而加入像Google、特斯拉、SpaceX等以改变世界、推动人类进步为使命的企业。

企业应该让员工去一线了解客户用了企业生产的产品与服务后给他们带来的价值，以及企业为社会创造的贡献。企业应当在内部多创造这样的机会给员工，无论是有形的专题活动，还是无形的现身说法、案例传播，让员工真切地感知到工作产出是具有现实意义的。

发现优势

来自盖洛普对全球数百万名员工的数据分析结果表明，成年人认为自己每天运用独特优势的时间越长，便越容易表现为"精力充沛""学习有趣的东西""感到快乐"等积极的情绪。该研究涵盖了45个国家、7个行业、22家组织中的49 495个业务部门的120万名员工。该结果同时也说明，当企业将优势发展指导与其战略目标结合起来并提供相应的条件时，员工便能更好地发挥所长，企业的经营也将取得更好的业绩。这些措施肯定了员工的独特优势，并鼓励他们更加频繁地运用自己的独特优势，以形成正向循环。

管理者在发现优势并提供发挥优势的条件时，要做好如下工作。

1. 忘掉岗位说明书

人岗匹配是企业人力资源配置效率的最高追求，无论是招募人才，还是配置人才，企业都会参考岗位说明书。然而，在现实中，岗位说明书的更新往往滞后于战略、业务及组织的调整，并且很多业务部门并没有以此为出发点，形成人力资源管理系统。特别是当下，变化成为常态，管理者要忘掉岗位说明书，以实现业务功能需要与人才的特征相匹配，从过去的人岗匹配转变为业务功能与人才优势匹配。

2. 团队一起共创，发现优势

管理者可以为自己所带领的团队举办一次以"发现你的优势"为专题的团队共创会。

- 让团队的每位成员写出自己的三大优势，并举出实例。
- 每位成员进行阐述，其他成员根据日常工作的发现提出疑问。
- 对每位成员的优势逐一开展"新闻发布会"，即一个人说，其他人问。

- 每位成员根据"新闻发布会"的情况,再一次修订自己的优势。
- 进一步确认优势,与团队达成共识。

3. 测试并强化其优势

除了上面的团队共创法,还可以引进类似盖洛普优势识别器的测评,这样会更加科学、准确。之后,再与上面团队共创的优势进行对比分析,找出员工真正的优势。在找到员工的优势后,管理者要安排相应的工作内容,让其去实践,在实践中检验员工优势的发挥还需要哪些能力的提升来强化已有优势。如果在员工优势的实践过程中能够展现很好的产出,管理者要及时给予鼓励,强化员工的自信。

构建参与的空间

你信任你的经理吗?
你的经理信任你吗?

笔者不太确定肯定的回答会有多少,这是企业管理者需要检视和面对的问题。前面谈到,很多企业中员工的积极性和产出贡献不理想,下面看看企业管理者日常都做了哪些在打击员工的积极性,又做了哪些来提升员工的自主性。

笔者在给企业做士气度提升咨询项目过程中,也经常听到企业管理者说:"我们提供了很好的办公环境,高于市场 70 分位的薪酬，像 Google 一样的下午茶，在文化、活动、员工关怀方面投入了很多的资源，但员工好像还是没有多积极主动。"当然，笔者很赞赏企业管理者能够对此投入资源，但对于激发员工的内驱力来说，这些完全不够。员工需要有参与感，而不是置身事外。企业管理者应该回归到员工诉求的本质，去做该做的。就像斯坦福大学教授查尔斯·奥查理在《平凡的员工非凡的业绩》一书中所写："如果一家公司能创造出让员工在心理上有主人翁意识的企业文化，那么即使能力一般的员工也能有高水平的表现。"要让员工有主人翁意识，重要的就是让其参与。倘若员工在参与的过程中，感觉到自己的声音能被人听到，并受到认可与赞赏，那么结果通常会不同凡响。因此，企业要为员工构建一个参与的空间，在这个空间内，员工把自己当作企业的"创始人"一样面对问题与挑战，主动积极地思考解决方案，负责任地推动业务发展。

1. 消除头衔象征

良好的互动来自安全的环境与对彼此的信任。企业的层级设置将职位分成不同的等级，其实工作本身有区分也很正常，企业还用各种头衔给每个职位打上标签，强化了等级观念，在员工心理上形成了"天然的屏障"。特别是随着新一代 90 后、95 后的年轻工作者加入职场，这种头衔的地位象征会拉开彼此信任的距离，企业应该着手逐渐消除头衔的地位象征。

近些年，在互联网和高新技术企业就出现很多消除头衔地位象征的公司。

在阿里巴巴，每个人进入公司都有一个昵称，在公司大家只知道彼此的昵称，头衔只体现在工资待遇、对外合作等商务场合上，每个人都聚焦在自己的工作产出给企业带来的价值上，而不是盯着头衔。

在 Google，为了更进一步消除头衔的地位象征，公司刻意剥夺了管理者对员工的控制权，比如以下的决策，不能单独由管理者做出，而是由一组同事、一个委员会或一个特别任命的独立团队做出：

（1）雇用谁。

（2）解雇谁。

（3）如何评估一个人的表现。

（4）给某个人加薪多少，给多少分红或分配多少股权。

（5）选谁来获得最佳管理奖。

（6）给谁升职。

（7）代码何时才算合格，可以纳入公司的软件代码库中。

（8）确认一种产品的最终设计及何时投放市场。

2. 让员工塑造自己的工作

最近很多行为科学研究表明，自主动机能够促进思维，提高理解力，减少能量消耗，改善心理状况，提高生产效率，促进业绩发展。在 2004 年，福德姆大学的保罗·巴尔德对美国投资银行的员工进行了一项自主性研究。该研究发现，支持自主的管理者属下的员工能得到更多满足感。这些管理者从员工的角度看问题，给员工有意义的反馈和信息，在要做什么、怎么做的问题上给员工留有很大的选择空间。

此外，自主还能给公司业务带来好处。康奈尔大学的研究人员对 320 家小型企业进行了调查，其中一半的企业允许员工自主，另一半则依靠自上而下的管理，允许自主的公司其销售收入增长率是以管理为导向的公司的 4 倍，而人员流失率仅是后者的 1/3，可见自主对企业经营的价值。管理不是解决方法，而是问题本身，太多的管理会造成负面的结果，提倡自主、轻管理是管理者需要修炼的心诀。

让员工塑造自己的工作，在工作内容、时间、方法上给予一定的自由度。

以 3M 发明便利贴为例。科学家亚特·福莱是在常规工作中突然想到这个便利贴的想法的，与本职业务产出不相关，但是 3M 公司给予员工的自主性，让其在内部调动资源，让这个想法进一步推动实施下去。便利贴这个想法就是来自完成本职工作之外的 15% 工作时间，3M 公司允许技术人员将 15% 的工作时间花在他们自己选择的项目上。如果 3M 没有提供这样的自由，激发技术人员的自主性，如今经久热销的 3M 便利贴产品

> 就不会出现在 100 多个国家的市场里，并以此还延伸出 600 多种不同的便利贴产品，给 3M 公司带来大量的收入贡献。

有些公司还允许员工针对某一想法或项目，自由组建团队予以实施。这种自由组合的形式能够形成良好的互动与信任，特别是团队成员之间将彼此信赖，为完成共同的目标而努力。就像在海尔，业务单元团队可以自主组合，还可以选举团队领导，解雇团队领导。

3. 与员工对话

提升员工参与度需要加强与员工的对话，建立顺畅的沟通机制，特别是各层级管理者应当投入足够的时间与员工进行沟通。这种顺畅的沟通能够让员工理解公司的经营方向与策略，明晰共同的目标，将员工的能量导向业务经营的领域，从而加速公司成功的步伐。

首先，管理者要从过去的指令式领导向询问式领导转型，也就是从过去多发号施令转变为多向员工提问。通过提问去探寻员工对工作的理解、对解决方案的思考等。在提问的过程中，要注意倾听，与员工保持良好的互动，及时给予支持，激发员工的内在主动性。

其次，企业要搭建一套快速、便捷的沟通工具系统来促进员工之间的对话。例如，OA（Office Automation）主页的公告版、社区讨论组、邮件列表，以及即时沟通工具如企业微信、钉钉等，要借助其丰富的功能与便捷性，让员工更多地展开沟通，特别是在一些非正式沟通方面，互联网工具更能发挥效用。

最后，企业要逐渐形成一套对话的机制。针对日常比较频繁、占用时长比较多的沟通形式——会议、专题研讨、问题解决、项目会等，要用探寻式、引导式的方法、工具来构建实施流程，避免开会变成个人秀，一言堂。

> 通用电气群策群力实施流程。
>
> （1）介绍：向参与者介绍会议的目标和议程，重申流程和基本规则（没有不能讨论的事、不要搞本位主义、不要把矛头指向别人、管理者不要滥用职权、不要吐苦水、以解决事情为主）。
>
> （2）头脑风暴：就问题的不同层面进行头脑风暴，并就如何达成预定的目标列出10个最好的点子。
>
> （3）点子大会串：每个小组向大家介绍10个最好的点子，并由全体参与者从每组10个最好的点子中投票选出最值得实施的3~4个点子。
>
> （4）拟订行动计划：各组针对投票选出的最值得实施的3~4个点子拟订行动计划，并且让相关人领取工作任务。
>
> （5）代表会议：各组向负责人提出建议。负责人要和小组成员及其他参与者讨论点子的可行性，询问会受到小组建议影响的管理者有什么建议，然后当场决定可行与否。

4. 不隐瞒信息

很多企业会在组织内部形成各种可怕的信息黑洞，这些信息黑洞正在逐渐吞噬正面、积极的信息，给流言蜚语提供了生存与发展的土壤。这些信息黑洞形成的罪魁祸首就是隐瞒信息。无论是在二级市场还是在一级市场，企业经营的透明度都是影响企业估值的重要因素，而透明度包含且不限于经营数据、人力资源政策、公司治理与决策信息。由于市场的规范，很多企业在经营数据方面逐渐变得透明，然而人力资源政策、公司治理与决策信息却变得隐含模糊，势必造成员工的不理解，甚至给某些拥有负面情绪的员工提供了宣泄的通道与由头，不利于引导员工正向思考。

企业管理者应当将人力资源政策、公司治理与决策信息及时以正规行文发布出来，并且从上至下建立各级信息发布机制，确保员工能够第一时间获悉公司各层面的经营情况。特别是当企业面临经营困境，开展变革转型时，更要注意信息的快速通畅流转，避免坏的信息在组织内部形成势能，影响员工的工作情绪。

5. 将员工纳入决策

决策是一个复杂的思维操作过程，是信息收集、加工，最后做出判断、得出结论的过程，也是企业经营中非常核心的管理动作之一。决策的效果将影响业务的发展势头。即便决策所涉及的各个要素都进行了非常专业的处理、分析和评估，如果不能正确地理解所要解决的问题，就很难做出正确的决策。

因此，决策的前提是收集足够全面、客观的信息，需要更多不同层面的员工参与到决策流程中来，而不是像很多企业一样，决策是管理者的一个"黑匣子"作业。将员工纳入决策是为了获取更多客观的信息，更重要的是，决策之后的行动需要充分得到相关执行者的理解与认同，将员工纳入决策的过程，也是解决方案达成共识的过程，势必会有好的成果产出。

6．扩大参与度

员工的参与空间需要从两个维度去构建。一个维度是前文一直在探讨的组织内部的参与空间，另一个维度是接下来要探讨的组织外部的参与空间，也就是通过外部的链接形式，扩大参与度，为企业做增值的价值回馈。

> Opensource.com 网站于 2010 年成立，所有人都能在网站上分享和学习技术、案例。自从这个网站上线之后，员工在上面分享了数千则有关开源的故事，也聚集了数目可观的跟随者，发布的数千篇文章也因此得到了数百万次的浏览量，在推特和脸谱网等社交媒体上也收获了数万名粉丝。这种外延开拓式的参与，让员工获得更多的自我实现满足感，为社区做出了更大的贡献，并且也成为企业品牌塑造与树立的良好方式。

自我激励

最理想的柔性激励就是促使员工能够自我激励，并且持续下去。当面临问题、挑战、压力时，自我激励者而非外部激励者能够从容应对。自我激励需要坚强的意志并付出努力，它更像一种行为习惯，或者叫自律。通常它是一种自我主动承担的责任，即洞察力、理性和智慧要求这么做。然而，自我激励除了是一种天生的品质，作为企业管理者，要让自我激励者避免掉入一些现实的困境，对其提供一些支持，让其更好地发挥价值。

1. 营造紧迫感

能够自我激励的员工都有很强的进取心与动机，这对企业是很宝贵的财富，但是，如果这种品质没有得到很好的发挥，随着时间推移也会磨灭。企业管理者要给自我激励者时常营造紧迫感，可以从企业经营的现状出发，传达竞争对手的策略及团队面临的问题与挑战，让其充分理解与感知到企业、团队及工作本身的压力，激发其潜在的自我激励品质。就像当年任正非向全员发表《华为的冬天》一样，给员工营造强烈的危机感，激发员工的内在驱动力。

给员工营造紧迫感，还可以创造条件让员工跳出舒适区，特别是针对那些自我激励驱动力强的员工，给其提供更具挑战的任务，甚至新的岗位。自我激励强的员工期待接受不一样的任务与新的挑战，享受在新的任务与挑战中实现自我价值，而这种形式也能够验证自我激励与外部激励的区别。

2. 适度引导其情绪

积极的建设性思维方式可以让人们在力所能及的范围内做到最好。企业中的有些员工将环境、条件等作为借口，只是象征性地做或不做工作，并且还带有抱怨的情绪，这种怨言的流传也势必会在一定程度上影响那些正向思考的员工和强自我激励者。

企业管理者要及时解决抱怨情绪的蔓延，给那些抱怨的员工提供机会以调整他们的心态，让其更积极、阳光。另外，适度引导那些正向思考的、能自我激励的员工，为他们创造机会表现自己，成为公司的典范和标准，让其他伙伴来学习，逐渐形成团队正向思维模式。

第四篇

创新变革：激发企业持续发展新动能

　　过往我们一直强调变革管理，而这种"被管理的变革"其实是一个矛盾的修辞，因为"被管理"这个词意味着迫使某件事情发生，而"变革"本不应该"被管理"。管理者经常抱怨企业员工抵制变革。确实如此，这也许是因为这些员工被过度管理太久了。所以，解决这一问题的方法正是产生这一问题的原因。也许，"管理"变革最好的方法就是允许变革的发生——创造适当的条件，鼓励人们按照自己的直觉试验并改变自己的行为。

——亨利·明茨伯格

第十章 捕捉新业务商机

Chapter 10

企业要想追求持续稳定的运营,实现跨越式发展,创新是绕不开的通道。大家通常理解的创新包括产品和服务方面的创新、商业模式的创新及运营模式的创新,这也是企业过去一直在不断探索的,但是能够成功找到创新路径,实现转型升级的企业还比较少,不是因为一些无法逾越的技术屏障,也不是因为市场没有准备好,而在于企业没有打造出能够捕捉新业务商机的能力。

错失新业务商机的四大陷阱

近年来，快速发展的各种新兴技术，如大数据、人工智能、基因疗法、机器人、微机械、超导等将重塑整个行业；各种创新的商业模式将颠覆既定的战略。这让革新人士欣喜不已，因为他们可以制定并利用新的竞争规则，特别是没有受制于现有业务时，他们更是欣喜万分，这就是我们通常所说的"跨界打劫"心态。然而，对于现有企业来说，新兴技术与商业模式创新具有破坏性，很多企业被迫加入新的市场竞争。这些企业创新的第一个理由是防御，认为市场的新进入者会利用新兴技术与商业模式创新争夺它们的核心利益市场。

还有一些企业一直在投入技术研发与商业模式的创新探索，但还是经常陷入发展困境。

> IBM 拥有众多专利和技术发明，有 20 多个独立的事业部，将近 5 000 种硬件产品和超过 2 万种软件产品。这么多产品和为数众多的专利带来的结果，却是产品盈利能力的大幅下降，这直接导致了 1991—1993 年 IBM 高达 160 亿美元的巨额亏损。

从以上描述能看出，IBM 是一家对创新投入非常重视的公司，也强调产品的创新与组合，但在 20 世纪 90 年代也一样面临巨大的压力与业务亏损的挑战，最致命的原因除了产品进入市场需要的时间太长、产品研发成本过高，以及开发的项目在面市之前被取消而损失了大量的开发支出，还包括新技术固有的不确定性。新技术开创的新市场、新的商业模式在客户心智中的定位，传统思维模式的主导地位，导致企业容易陷入四种陷阱：参与滞后、迷恋现有优势、不能全面投入、缺乏韧性。这也是如今很多企业要想抓住新业务商机需要跨越的四大鸿沟。

1. 参与滞后

面临高度不确定性时，企业一般都会采取"静观其变"的做法。当有新的技术应用到新产品中时，企业会先让市场部门去调查一下，写出调查报告，报告结论出来后能不能推动内部的改变，还需要看决策层或者利益相关者从哪个角度来看。如果不能在组织内部引起共鸣或有足够大的影响力，企业势必将沿着"看一看""等一等"走下去。

面对未知、多变的形势，管理者会用传统思维模式来简化和推行秩序，从而将不确定性降低到可控水平（特别是在新进入者还没有那么强大，让其感觉到巨大压力的时候）。由于管理者过去诸多的成功决策，这让管理者只看他们想看到的，而将那些与自己意图不符的东西过滤掉或加以扭曲。特别是在行业里已有所成就的公司，他们感知到的多是在熟悉的环境里出现的渐进式创新，但在陌生的环境里，如新兴技术的应用方面，其思维模式显得既短视又混乱。坚持固有的打法可能会导致错失新业务商机。

> 1958 年，IBM 考虑生产哈罗伊德-施乐 914 复印机时，主要考虑现有电子打字机的销售团队是否有助于新增产品的销售。公司重点关注能否将这个部门的销售成本分摊到两条产品线上，而不是将其视为 IBM 的一项全新业务。由于复印机在这个狭隘的业务范围里没有吸引力，所以 IBM 最终放弃了这个新业务商机。

IBM 这样类似的例子如今在企业还继续发生着。企业不能及时认识到新技术的变化、产品组合的变化及商业模式的变化将给业务带来新的契机，而是从原有的行业思维模式出发，尽可能将风险控制到最低，甚至在意识到新业务商机的好处时，在组织顶层设计、资源投入及核心人才团队搭建方面又显得优柔寡断、拖泥带水，严重滞后于市场环境的变化，没有为新业务商机提供好的发展土壤。

2. 迷恋现有优势

由于企业无法确认新的技术、产品研发及商业模式的创新将把企业带向何方，是否能够推动业务转型升级，迈上新的发展台阶，企业因此变得较少主动进行转型变革，除非明显感觉到生死存亡的压力即将来临。大多数企业对模棱两可和可能的风险没有好感，因此，在相同期望值的条件下，人们更倾向于选择相对可以预期的前景。企业在行业中具有领先的优势，这尤其增强了管理者的固有思维模式，限制了它能够有效发现和捕捉到新业务商机的能力。

通常，迷恋现有优势的企业在内部也很难形成孵化新业务商机的机制。例如，曾经的手机行业霸主诺基亚在短短几年内就被苹果、三星等新手机品牌打败，缘由很多，其官僚主义严重，迷恋现有的优势——市场占有率、强势竞争地位及塞班系统对客户的体验影响，而没有及时发觉安卓、iOS系统给智能手机带来的革命性变化，抑制了创新，割裂了技术与商业的关系，使得创新过程缓慢甚至不复存在。

在地图业务方面，诺基亚花巨资收购Navteq之后，半年没有推出举措，其间Google地图免费了，语音导航免费了，竞争对手们纷纷赶了上来。"有一天，一个负责Symbian用户体验的人进来说，旧流程不管用了。所有人都问她新的流程是什么？她没说。于是200多人无所事事地度过了6个月。"这就是典型的官僚主义，在现有的优势下，享受发展的红利，但是突袭者已逐渐深入诺基亚的优势主战场。

诺基亚还割裂了技术与商业的关系，没有形成新业务商机的孵化机制。例如，自组织映射是芬兰教授发明的，但诺基亚没有把它转化成产品，而现在许多应用程序都在用。还有3D显示，诺基亚研发中心很早就开发出了这项技术，可在手机屏幕上显示3D图标，不用特制眼镜就可看到效果，但诺基亚的管理者不感兴趣，现在这项技术已被用在三星的手机上。当纳米科技、可视化、感应器、触控在诺基亚的研发都成熟到了可应用的地步时，管理者却没有慧眼识珠，导致错失良机，这些应用出现在了竞争对手的产品上甚至成了其产品的关键特色。拥有5 000名创新人员和专业研究机构NRC的诺基亚并没有把真正具有创新性的技术应用在自己的产品上。大量被当前的智能终端所普遍采用的技术，其实在诺基亚早早地就被研发出来，但是被束之高阁，不予采用，技术和商业的割裂必然导致诺基亚的衰败。

3. 不能全面投入

当现有行业的竞争对手或新进入者应用新的变革技术或新的商业模式时，如AI技术的应用、S2B商业模式的植入等，企业往往谨慎对待，而不像百度"All in AI"，也不像腾讯在2019年对TOB市场的重大结构调整与资源投入，这主要存在五种可能的原因。

（1）企业经营者自然将资源、精力投放在现有的营利性产品如何获取最大利润或如何更快速、高效地扩大市场规模与占有率上。因此，企业不太能全面投入新业务商机中。

（2）企业经营者时常大胆预测未来的业务，大胆预测一般源自企业经营者过度自信或对新业务商机过于乐观，这往往也是在刚开始阶段企业经营者容易掉入的陷阱——没有充分认清企业现有的资源与能力，现实未能匹配理想。然而，很多企业经营者在实际决策时犹豫不决，反映出对风险的厌恶及孤立看待问题的倾向。因此，即使对新业务商机抱有强烈的信心，但是由于各种现实及风险偏好的影响，企业采取的相应行动可能仍不够充分。

（3）当企业经营者决定进入新业务商机领域，一旦在发展过程中利润前景不明朗，并且似乎不如现有业务有未来时，严格的投资回报率标准将在董事会及高层会议中被强调并凸显出来，势必影响企业后续对新业务商机领域的全面投入。

（4）企业经营者的注意力主要集中产生价值的现有客户身上。他们容易忽视小型细分市场的商机。企业经营者对这些细分市场不关心，也不了解。结果现有企业在面对新进入者时显得不堪一击，因为这些新进入者将更新的技术、产品组合与商业模式的创新植入业务中，形成新的强大势能，侵占市场。

> 奈飞在创立之初，采取线上下单、线下邮寄的模式就击败了当时采取纯线下模式的最大的租赁商"百视达"。奈飞关注到了客户的新需求与更好的用户体验，实施足不出户就可以租赁到DVD，并且还采用会员包月的方式，还不收逾期费用，深受用户喜爱。"百视达"却没有捕捉到这些新业务商机。

（5）越成功的企业越缺乏灵活性；越成功的企业，其战略、结构、人才、思维模式及文化越将形成紧密的连接系统，并通过完善的流程与常规程序保持这些要素之间的平衡。因此，企业的强大稳定性就造成当不可预期的、无法确定前景的新的业务商机出现时，企业过去成功的这些要素融合得越紧密，间断性新业务商机的投入或转型就越难以实现，即便实现，所花的时间、资源也越多。

上述五种原因相互影响、相互交织，既削弱了企业的决策能力，也使得企业不能全身心投入新业务商机。然而，行业新进入者利用新的技术、产品组合与商业模式快速进入市场，丝毫不会受过去的经验思维模式及文化所禁锢。

4. 缺乏韧性

假设一家成熟的企业成功避免了上述三种陷阱，开始对新业务商机进行资源投入，企业最终能坚持到底吗？通常，企业对持续的不利结果没有什么耐心。毕竟新的业务商机成长发展需要一个过程，这其中也难免会经历各种挑战与挫折，特别是当行业或跨界的新进入者也看到此新业务商机的前景时，前仆后继地杀入进来，加剧了市场的竞争及业务的不确定性。此时，企业最初的雄心谋略可能变成了怀疑：新的业务商机能够成为利润的增长点吗？能够给现有业务带来协同增值吗？这种怀疑将把企业经营者推向坚持往下走还是及时止损的两难境地，而这又会出现一个沉默成本的假象。然而，具有讽刺意味的是，正是那些专注于核心业务的企业，往往以最快的速度终止它们在新业务商机上的投入。当企业的核心业务面临困境，企业经营者开始降低成本或减少投入时，特别是还没有产生经营效益或即将产生效益，但还不够规模化的新兴业务就很容易成为牺牲品。

要想避开上述的捕捉新业务商机的四种陷阱，企业必须采取以下五种方法。

持续保持对市场的敏锐

企业经营策略的制定与实施，离不开对市场的持续关注。市场的变化从来都是不断向企业提出新的挑战，即使业内最优秀的企业也不例外，如产业互联网的快速发展，由外及内推动腾讯构建了企业级服务事业群，主动积极响应市场变化带来的新挑战。

如今，市场变化的速度越来越快，影响的范围越来越广，随之而来的机遇和挑战也出现得更频繁、更迅速，企业更应该持续保持对市场的敏锐。持续保持对市场的敏锐不是企业经营者一个人的职责，而是企业所有层级的每个人的职责。无论身处怎样的岗位，都应该对其业务领域的相关市场保持敏锐，要清楚外部环境对其负责业务的影响。

1. 感知环境变化

没有企业不会对市场环境进行跟踪、了解的，企业都已设立相关的部门去按照程序推动对市场环境变化的追踪。但是，企业往往把更多的心力偏向对其现有竞争对手的分析、新技术在产品中的应用，以及企业现有优势的扩大等重大影响因素方面，忽视了那些会对企业竞争方式和行业盈利能力产生重大影响的潜在对手。这些对手有些可能已经进入企业所在行业；有些可能隐藏在产品价值链的某个角落，伺机而动；有些可能在跨行业中谋划着对企业的袭击。

企业不仅要关注目标市场，还必须开阔视野，分析研究本行业的延伸产业。关注可能的新进入者的举动，它们的举措很可能在企业最没有防备的时刻，彻底颠覆企业此前所做的所有假设。

> 通用电气航空业务从飞机发动机制造拓展到了飞机维修；京东从网上3C销售平台逐步成长为全品类网上商城；阿里巴巴从网上商城拓展到线上线下相结合的O2O新零售市场；字节跳动从新媒体"今日头条"开始，逐渐扩展到微视频"抖音"以及由视频切入的社交产品"多闪"；网易过去以门户和游戏产品为核心，也开始做精品电商平台"考拉"。诸如此类的跨界竞争，让企业很难看清谁是竞争对手，谁将颠覆自己。

最意想不到的竞争是外部环境变化造成的。这些企业直接竞争，但它们或许有能力改造行业，颠覆企业习以为常的市场规则。此外，它们往往不按常理出牌。

2. 深度思考与专注

很多企业对于外部环境的研究仅局限于SWOT分析，即与研究对象密切相关的各种主要内部优势、劣势和外部的机会与威胁等，通过调查列举出来，并依照矩阵形式排列，然后用系统分析的思想，把各种因素相互匹配起来加以分析，得出一系列相应的结论，制定相应的发展战略、计划及对策等。毋庸置疑，竞争对手分析是极为重要的，但这仅仅是个开始。

企业经营者必须跳出企业，深度思考一些更为宏观的问题：行业未来发展是否会以牺牲利润为代价？哪些因素会把行业拖入同质化竞争的深渊？新技术的更新是否会重构行业规则？潜在的、看不见的竞争对手在哪里？政府正在酝酿哪些政策？这些政策将给企业带来什么影响？价值链是否存在结构性缺陷，或者正在发生着什么变化？

对于这些问题的深度思考完全取决于企业经营者打破砂锅问到底、不达目的誓不罢休的坚定意志。要投入时间和精力，去耐心收集整理相关的信息，而不是作为一年一次的特别任务，使之成为经营管理层的日常行为动作，最好设置专人负责此工作，决不能懈怠。

杰夫·伊梅尔特于 2000 年接任通用电气 CEO 职务。他上任之初的工作重点之一就是提高全公司对外部环境的认知及重视。特别是在加强经营管理层对市场的深度思考与专注方面，提出每个业务单元都要认真分析外部环境，并且列出对其未来影响较大的关键趋势，然后把自己的想法及问题发布在内网上。公司排名前 40~50 位的高管才有权限看到这些来自各行各业、以各自的不同视角形成的对未来外部环境的分析。这样的信息收集与流转机制既开阔了经营管理层的视野，吸收了跨界的信

> 息，也促发他们专注相关领域，深度思考，同时为他们带来很多新的认识，激发更多新的想法，形成更加有效的面向未来的经营策略。

要以更广、更深的视角来看市场变化，最关键的是，要从貌似不相关的数据及现象中找到彼此间的内在逻辑关系，才能区分清楚当下的市场环境是过眼云烟，还是不可逆转的市场趋势。

3. 与客户在一起

在企业能收集的所有外部环境信息中，对其商业模式的评估与经营战略的制定最有价值的信息无疑是客户信息。如果企业能够全面了解现有客户及潜在客户的需求，将能制定出更有效的业务策略，使其在应对现有竞争对手及其他潜在对手方面游刃有余。

随着竞争日益激烈，企业要实现差异化竞争的唯一途径就是比其他公司更快、更好地了解客户，与客户在一起。

（1）从全价值链环节细致观察、了解客户。从产品概念到服务交付的全价值链每个环节，企业都必须以用户为出发点，要不断思考用户的需求是什么，还有什么需求是没有得到满足的，体验到什么不同的价值及能接受的价格是多少。企业还可以沿着供应链，全面、细致地分析可能影响客户体验的每个环节，然后思考能在哪些地方提供与众不同的体验，从而形成有效的差异化竞争。

（2）将"客户第一"的理念植入员工的心智模式。首先，了解客户需求是企业员工的基本职责。企业所有员工都要从各个不同的业务领域去获取客户的信息，并提出切实有效的建议用于企业经营决策。这样全面、客观地了解客户需求，能够确保资源配置的有效性及重点能力建设的合理性。其次，不单要满足客户需求，更要帮助客户成功。关注点从如何从客户那里获取更多的订单，转变为如何形成帮助客户成功的全面解决方案。利用企业现有的技术优势、产品优势或资源优势去帮助客户提高产品竞争力，为客户提升其市场份额、销售收入、盈利能力及改善现金流。

持续保持对市场的敏锐是一门企业必修课。在如今不确定性时代，竞争不但快，还变得没有边界。如果企业还沉溺于过去的成功而沾沾自喜，不愿正视残酷现实，下定决心主动求变，那么其被超越、被击溃甚至被淘汰的日子终将不远。

小步快跑，迅速迭代

企业在决定是否要对新业务商机进行资源投入前，为了避免组织资源更大的浪费，提升对新业务商机的捕捉成功概率，最好是以最小的成本快速开发出产品原型，小步快跑，开展试验，在试验的过程中迅速迭代。

1. 明确创新方向

企业创新从战略的角度来看，主要有两大类别的创新方向：一类是在企业原有业务、架构、资源基础上完善产品和服务，优化内部运营,将其称为"内生型业务创新";另一类是通过改变商业模式、找到新客户群或进入新市场,建立新的增长方式,将其称为"外延式业务创新"。

目前,很多企业都采取内生型业务创新,在原有的业务上进行持续完善,阶段性能给业务带来发展,但是从未来长远发展来看,这类创新方式显得后劲不足,并不足以让企业在未来实现增长目标。外延式业务创新包括对现有客户提供新的产品与解决方案,或者以全新方式开发新产品等,拓宽了企业的经营边界与业务范围,具有更加可预期的未来。

因此,建议企业可以在较短的时间内,最好不超过 2 周,先测算出正常情况下未来 1~3 年的营收和利润;再计算出正常情况下的经营数字与未来增长目标值的差距。以此能大致判断,应如何在两类创新方向上分配资源投入,以及外延式业务创新的力度应该有多大。

2. 组织小规模专项团队

根据企业选择的创新方向,需要界定支撑业务创新增长的重点战略机遇区域,一般建议不超过 3 个,每个战略机遇区域组织小规模的专项团队,让项目参与者留在原部门,而不单独组建创新团队,一人多职,充分挖掘人才的潜力。

根据经验,企业在此阶段通常会面临两大挑战:一是资源的缺乏;二是没有足够多的有相关经验的人才。企业对业务创新的资源投入是一定的,而创新项目在组织内部层出不穷地推出,通过各种正式或非正式的通道占用了创新资源，就像前文谈到的IBM在20世纪90年代的业务创新，损失了大量的开发支出，让业务陷入亏损。企业可以建立一套对创新项目的评审标准，类似IBM采取的新商业机遇EBO计划，将最好的资源分配给新兴商业机会，以保证更高的成功率。企业还可以强化管理机制，确保资源在公司内部进行有效的整合，"圈住"资源，以避免资金过早拨付。

新的业务创新都是在一个新的领域进行探索，企业很难在短时间内从外部找到足够的匹配人才，先不说付出的成本就很高昂，并且来了之后对企业原有业务的理解、文化及团队的磨合也需要时间，甚至还夹杂着不稳定性风险。因此，企业应当营造更加开放的氛围，鼓励创新，让更多具有创新意识的人去做更多的尝试，在创新实战中积累经验。

3. 创建创新管理机制

企业应该将内生型业务创新项目纳入预算体系之内，而外延式业务创新项目应该采用类风投的管理方式。首先，应建立一个评审小组，赋予它启动、终止或重新定位外延式业务创新项目的方向。评审小组的成员应该包括但不限于高层领导、内部专业技术人员、市场营销人员及外部客户、风投和行业专家。其次，当小组成员在评审项目产生分歧时，有决策层领导支持的项目可以继续开展，毕竟，从风投行业的经验来看，最成功的项目在最初都是分歧最大的。最后，评审通过的外延式业务创新项目，要组建团队,并且在短时间内快速通过市场调查、客户分析及行业研究来制定产品策略,推向市场,接受反馈,完善产品策略,一旦成功,规模复制,扩大市场占有率,以此循环往复。

战略的灵活性

战略是通往目的的手段,是取得最佳商业成果的方法。提到战略,我们不由自主会想到规划:审时度势、确立目标并设定达到该目标的各个步骤。然而,随着商业环境日益加剧的不确定性和动态变化,促使竞争优势乃至更广泛意义上的战略已与现实脱节,经典意义上可持续的竞争优势会被连续暂时性的优势取代。正如新闻集团董事长鲁伯特·默多克所言:"世界处于快速变化中,以大胜小的局面不复存在,取而代之的是以快制慢。"因此,企业在选择新的业务商机进入时,需要保持战略的灵活性。

1. 承诺和选择的平衡

对新业务商机的投资可能会带来两难。一方面,具有强大实力的赢家往往对新业务商机的投入是最坚定的先行者。英特尔的安迪·格鲁夫认为:"组织在追求一个清晰简单的战略目标时需要投入所有的精力,在面对目标专一的进攻性竞争者时更是如此,而在探求各种替代性方案上投机取巧,不仅会付出高昂的代价,也会冲淡已有的承诺。"

另一方面,对新业务商机的投资可能在短期内不一定能看到明显的成果，或者给企业带来预期的收益，而最终的结果又是不确定的。通常意义上，如果企业不对新业务商机追加投资，那之前的投入就归零；如果企业对新业务商机追加投资，预期的目标可能实现。

企业经营者在当初对新业务商机的承诺与现实的选择面前要做出平衡，而似乎承诺和灵活性是对立的。创造灵活性的唯一缺陷就是它减少了承诺的战略信号价值。为了让人信服，就需要一种义无反顾的精神。

2. 回归现实

企业如何做出失败风险较低的进取性承诺？首先，按照前文介绍的对创新业务的项目可行性进行充分调研、分析、试验与评审，从源头上管控好项目风险。其次，要制定出新业务商机的预期目标及达成的路径，并且把关键的动作进行拆解，明确里程碑事件，企业可以根据里程碑事件的达成情况，决定是否追加投资。最后，一旦新业务商机的发展突破了瓶颈，达到了一定预期目标，企业就可以加大资源投入，让其迅速规模化，形成新的业务发展引擎。

自主权适当分离

1. 为新业务商机设立新业务部门

企业文化、思维方式、对风险的偏好及对现有组织的管控都会影响新业务商机的孵化。因此，很多企业愿意为新业务商机设立新业务部门。例如，阿里巴巴的"达摩院"、谷歌的无人驾驶汽车 Waymo 等。这样的独立部门设置，利于明晰业务的边界，让团队能够摆脱过去业务的束缚、原有思维方式的禁锢及人才的抢夺，使得新业务部门按照不同的方式运营，同时允许该部门与母公司共用资源和信息。这样既区分了企业的目标，允许长期的孵化周期，又有足够的经费和不同的衡量标准来保障组织其他部门管理者的业绩不受影响。

2. 新业务部门的独立性

企业的新业务部门需要保持何种的独立性才能取得最佳效果？答案取决于新业务商机独立性是否威胁到企业核心业务的发展、两种业务在市场和客户群方面的差距及盈利方面的差距。差距越大，新业务就越不能用老一套标准进行衡量。

如果新业务与企业核心业务的关联性比较小（从市场、客户群及盈利模式等角度出发），空间和结构的分离就显得很有必要，并且新业务部门也应该独立向高层决策者汇报，在资金和财务方面也应该保持独立。

如果新业务与企业核心业务的关联性比较大，空间和结构的分离有其必要，主要是为了创新突破，但为了在资源的获取、内部影响力的打造及信息收集方面取得相对有利地位，建议新业务部门可以向最相关的业务线高层汇报，在资金和财务方面还应保持独立。

对新的业务商机项目还应实施独特的政策，以便支持其成功的发展。新业务部门还应注意吸纳最优秀的人才，提供迅速打造产品原型的自由空间，具备调查、分析与预测未知市场的能力，同时控制好项目经费投入的节奏，降低管理费用。新业务部门还应设法尽可能多地获取已有部门更多的资源。

3. 新旧业务部门的协同

企业的新旧业务部门应该如何协同？

有一种观点认为，企业内部的竞争和冗余有其存在的理由，不同的业务部门应该采取不同的模式。企业内部的竞争更多是来自对生产资源的争夺，在某种程度上会造成资源的错配，但是利于激发组织内部的活力，这要看企业经营阶段的需要。如果企业的经营资源比较充足，可以保留适当的冗余，加强内部的竞争。

> 2010年年底，雷军带了一支不到10人的团队赶工做出了米聊。腾讯想要迅速切入该市场，马化腾只给了团队3个月的时间，并且从公司内部同时精选了三个团队一起开发，"谁胜出，谁主导"。结果大家都已熟知，由张小龙带领的邮箱开发团队成功推出了微信，造就了腾讯移动互联时代的霸主地位。马化腾在接受采访时谈到腾讯的"赛马机制"："在公司内部往往需要一些冗余度，容忍失败，允许适度浪费，鼓励内部竞争和试错。"

还有另一种观点认为：各个新业务商机项目都应该能够影响

母公司的实力，避免互相吞并或彼此依附。

> IBM 的故事具有讽刺意味，同时又有借鉴价值。该公司决定研发一款真正全新的个人电脑后，便在1980年建立了一个独立的部门。该部门的地理位置远离公司总部。最终，新的部门没能利用 IBM 强大的技术能力和优势。IBM 的个人计算机只是一个组装的产品，没有任何自己的专利系统和半导体，后来模仿者一拥而上。

因此，新旧业务的协同受到企业现阶段的实力、可投入的资源及其本身所具有的优势的影响。企业的实力强，可投入的资源多，新旧业务在内部保持一定的竞争性，就利于业务创新与突破。新业务需要使用的技术、投向的市场和客户群与旧业务的传统优势紧密相关，新旧业务之间互动、资源导入应该更加密切。

Chapter 11
第十一章
选择正确的业务转型路径

迈克尔·波特曾在《塑造战略的五种力量》中谈到，决定行业竞争的五大力量包括现有竞争者之间的对抗、供应商议价能力、买方议价能力、替代产品或服务的威胁，以及新进入者的威胁。然而，随着市场环境越来越复杂多变，新的技术迭代升级加快，创新商业模式层出不穷，加剧了行业竞争五大力量的不确定性，企业在选择正确的业务转型路径时更加难以把握，成功的风险也越来越大。企业需要深度理解各种不同的业务转型路径精髓，并且在不同的发展阶段结合企业的核心竞争优势以及可投入的资源，使用不同的方法以应对不同的环境或不断变化的环境。

重构核心业务

近些年由于市场的剧烈变化，宏观经济发展趋势也开始慢下来，各种新的商业模式以及创新技术的应用，给企业带来了前所未有的压力。在这种压力面前，很多企业开始失去战略定力与耐性，开始追赶各种"风口"，以为"站在风口，猪都能起飞"，而现实往往是绝大部分都"摔得很惨"。加里·哈默尔在 1990 年就提出，企业应当强化其独特优势，聚焦核心业务，避免把资源投入不能创造价值或企业不太擅长的业务领域。企业在盲目进行业务转型之前，应该全面、客观地思考现有的核心业务将怎样重塑。例如，行业是否有生存空间？业务是否还可以发展？是不是由于企业没有更好地为客户提供价值才让产品陷入被动？企业还有哪些优势是竞争对手没有的？企业将如何被充分激活？将这些问题逐一与业务经营层进行深度探讨，从上至下取得共识，方为上道。

1. 持续为客户提供价值

企业的核心业务是否具有生命力，重要的衡量指标就是能否持续为客户提供价值。企业经营者首当其冲需要回答的问题就是，企业提供的产品能否帮助企业利用机会并减少威胁，从而增加客户价值。小米公司从创立之日起提供的小米系列手机，用市场主流机型的硬件配置，加上自行研发的操作系统及高性价比的定价策略，增强了客户的体验，为客户提供了价值，因此，产品迅速打开市场，业务占据一席之地。

然而，客户喜好、行业结构或技术的变化，将降低企业为客户提供的价值，或者影响企业持续为客户提供价值的能力。例如，美国西尔斯百货公司未能意识到沃尔玛和零售专卖店创造的零售市场变化，坚持过去的成功以及对传统经营模式的坚守，没有及时采取应对策略，不能持续为客户提供价值，导致它错失了一些重要的市场机会。

企业在重塑核心业务时，要紧跟市场的变化，时刻想着新的经营策略、产品组合、服务提升是否能为客户提供价值，并且要保持为客户提供价值的可持续性，这种可持续性更多源于企业对市场、客户、竞争对手的敏锐度。能否快速地捕捉有效信息，提出应对策略，将是企业构建核心业务重要的能力之一。

2. 资源和能力的稀缺

企业的核心业务要在市场竞争中占据有利地位，除了持续为客户提供价值，还需要在资源和能力方面比竞争对手更具独特优势，这样才能凸显企业的竞争优势。

企业的资源和能力包括企业为客户开发、制造和提供产品或服务时所使用的全部财务、物资、人力和组织资源。要建立企业资源的独特优势，将从这些角度出发。当然，大部分企业在某一两个资源上占据独特优势，都将在市场竞争中取得有利地位。例如，依云矿泉水是高端品质水的代名词。依云矿泉水的独特优势就是其水源地，地处法国依云小镇，背靠阿尔卑斯山，面临莱芒湖，远离任何污染和人为接触。华为是全世界通信设备领域的领先者，其独特优势就是对研发的持续投入，有一支数万人的研发团队，造就华为在5G领域领先世界同行1~2年，也奠定了其在市场竞争中的优势地位。

企业要根据所处行业的特点，认清自己的资源和能力，打造其独特的优势。有些行业可能需要建立强大的财务优势，如房地产开发行业，融资成本以及对融资结构、模式的设计将直接影响企业的经营利润。有些行业需要物资的独特性，才能更具优势，如矿业、石油化工。矿业企业能够开发的矿山的质量、石油化工企业可以提炼的原油品质与价格，都将决定企业的经营质量。当然，也有些企业是依赖人和组织资源来构建起独特优势及稀缺性的。企业经营者需要进行深度思考，采取适合自己企业的策略，构建与竞争对手不一样的独特资源和能力的优势。

3. 不可复制

如果企业掌握有价值的稀缺资源和能力，那么至少能获得阶段性的竞争优势。如果竞争对手在模仿这些资源和能力时需要付出更高的成本，那么掌握这些资源和能力的企业就可以获得持续性的竞争优势。

> 火锅行业其实是一个充分竞争的行业，从环境、原料、口味、食品安全等方面都很难有绝对的优势，然而，海底捞在火锅行业异军突起，如今，年销售收入超过100亿元，市值超过

> 100亿美元。海底捞为何能够在充分竞争的行业中突破发展？竞争对手为何很难模仿其运营模式？海底捞创始人张勇说："我一直在琢磨餐饮业的核心竞争力是什么，是环境、口味、食品安全，还是服务？我想了很多，觉得都不是。我觉得人力资源对餐饮企业是至关重要的。如果我们能把人力资源体系打造好的话，它就会形成一种自下而上的文化。我觉得这个可能会成为海底捞的一个核心竞争力。"
>
> 张勇所说的"人力资源体系以及自下而上的文化"其实就体现出，海底捞的成功不在于做对了几件大事，而是做对了许多小事。这数千个内部属性连接起来的软性系统，竞争对手是很难复制的。

企业生产的资料、设备等硬件资源，竞争对手都容易获取。除非特定的技术有专利保护，否则都将被竞争对手模仿。然而，具有社会复杂性的资源（品牌、诚信、团队合作、文化等组织资源）和能力，虽不能申请专利，但复制的难度大得多。就像要想复制阿里巴巴强大而有效的文化，其难度可想而知。

4. 组织效能的充分发挥

重构企业核心业务、建立其竞争优势取决于持续为客户提供价值、资源和能力的稀缺与不可复制。然而，要想充分发挥企业竞争优势，还必须充分发挥组织效能的作用。企业的多个组成部分，包括组织结构、分工、清晰的授权、管控流程、职责和资源配置，都存在相关性。这些组成部分在企业中单独产生竞争优势的能力有限，但是，当与其他资源和能力结合起来时，它们就能帮助企业充分发挥其竞争优势。

在前面提到的小米，之所以能够快速占领市场，除了高性价比的产品，还有其良好的客户体验。良好的客户体验需要从产品制造工艺、软件系统迭代、市场品牌推广及终端门店的客户服务等各个环节进行打造。这种能力需要借助组织分工、资源配置及流程监督、管控等才能显现出来，是一种组织效能发挥价值的体现。就像海底捞一样，除了在环境、口味、服务与食品安全方面做到极致，还需要与内部的组织资源和能力结合起来，像善待客户一样善待员工，打造自下而上的文化，信任员工，给员工更多的自主权，这样才能形成海底捞核心业务的竞争优势，真正让竞争对手认识到"海底捞，你学不会"。

业务分离

许多企业在选择通过进入新兴业务领域来寻求企业的转型发展时，往往对其过度干预，从管控界面到资源控制，人才及文化等都还是与原有业务体系共存，造成新兴业务与成熟业务之间的冲突与内耗。这样不但会影响新兴业务的发展，还会降低成熟业务的竞争力。

国内某商业地产开发公司具有非常丰富的商业综合体开

发、运营经验,并且经营着数百家商业综合体,具有庞大的线下流量,但移动互联技术与电商的快速发展,对线下零售造成了冲击。因此,公司开始考虑转型,自建线上运营团队,将线下的商场流量与线上商城打通。这个方向就是如今比较流行的所谓线上线下"新零售",该公司早在2011年就已开始布局。公司从全球网罗移动互联网的各类中高级人才,团队也迅速搭建起来,但是经过几年的发展,迟迟不能达成预期目标。究其原因,还是以过去的成熟业务商业地产运营的思维去管控新兴移动互联网业务,没有将成熟业务与新兴业务进行分离。无论是从管控、资源分配,还是对新业务授权等方面,都受成熟业务的牵制与影响,并且这两个业务的团队文化、价值观以及对业务的打法,都有很大不同,强拧在一起,势必很纠结,也很难形成合力。公司即便有再优秀的团队和资源优势,新兴业务也将在这种格格不入中消耗殆尽。

企业可以将成熟业务和新兴业务进行分离,前者需要的是效率和严格执行,后者则需要创新性和灵活性。韬睿惠悦作为世界上最大的津贴咨询公司之一,采取了将成熟业务和新兴业务进行分离的转型策略,作为其主要收入来源业务的退休金福利业务继续创收,而新兴业务通过内部的孵化以及并购,独立发展,来实现新的增长,形成业务的"双轮驱动"。

业务分离适用于稍有多样但在一段时间内相对稳定的环境。

> 1943 年，洛克希德·马丁公司同时面临着两项任务，既要研制一款先进的战斗机，又要大批量生产久负盛名的哈德森轰炸机。虽然看上去是两个不同的业务，但是有很多技术、资源可以共享，并且面对的都是同样的市场，环境也相对稳定。洛克希德·马丁公司选择创建两个完全独立的部门，每个部门都有自己的办公位置、资源和文化，将两个业务分离开来，各自发展，催生了该公司著名的"臭鼬工厂"。

业务分离战略并非时时有效，这是因为公司结构往往会在长时间内保持稳定，而其所处的环境则在持续变化。业务分离也会在部门之间形成壁垒，阻碍信息和资源在各部门间流通，妨碍各业务单元的协同、合作，以及相互学习各自优势，当市场环境发生变化时，各部门不能及时有效地改变业务重点，制定新的经营策略来积极应对。

企业采取业务分离策略时，首先要界定清楚哪些部门是规模驱动型，哪些部门是创新驱动型，并通过分离目标、资源、人才和风险管理方法在两者之间设定明确界限。其次要针对不同的业务实施不同的授权策略，形式服从于功能，一切以业务发展为核心。

迭代升级

某些特定产业的企业在动态环境下正处于变化率高或产品周

转快的市场——客户需求多样化，产品更新迭代及快速推出，这些将影响企业在市场上的竞争地位。此时通常需要这些特定产业的企业采用迭代升级策略，如技术产业、互联网产业、时尚产业及科技金融产业等。

新兴公司在企业生命周期的初始阶段，通过寻求突破性产品、服务或技术迅速占领市场，然后随着时间的推移，新兴公司为了保持持续的市场竞争优势，甚至扩大其优势，将过渡到更具探索风格的策略，并且加快产品的迭代升级，扩大规模，保证可盈利的市场地位。

> 康宁公司是特殊玻璃和陶瓷材料的全球领导厂商，总部位于美国。康宁公司有160多年的历史，最初为爱迪生的白炽灯生产玻璃罩，而食品容器使它成为一个知名的家居用品品牌。康宁几乎是玻璃研发的代名词，但玻璃容器行业被认为是一个增长缓慢的行业。该公司在产品创新、迭代升级策略方面获得了持续的成功，特别是在21世纪的前10年取得了重大转变。2006年，该公司核心收入来源之一——液晶显示屏玻璃盈利大幅下降，企业亏损严重。为应对这一局面，该公司采取迭代升级策略，以挖掘现有优势为主，基于过去的技术积累，转而开发新型超强化防刮玻璃，即大家熟知的大猩猩玻璃。产品开发成功后，首次投放市场用于苹果手机，获得了巨大成功。

企业在采取迭代升级策略时，领导者必须减少障碍，促使资源和信息在组织内部自由流通，打破信息孤岛，做好资源的分配，帮助不同业务单元获取资源，避免冲突。

企业需要设置灵活的组织架构，以适应业务迭代升级，特别是在资源的配置、功能与授权部分，尽可能对迭代升级业务较少限制，让其能够充分发挥价值。例如，康宁公司将研发部门与业务部门紧密联系在一起，经常将两个部门的员工召集在一起，组建专项任务小组，解决创新及市场营销方面的挑战。

在新的业务迭代升级过程中，团队文化冲突很可能发生，甚至会有利益的冲突。这需要企业的人力资源策略能够满足不同的需求，在激励措施上既要保持统一性，也要推动灵活性及协同合作，引导每位员工朝同一方向努力。例如，既要褒奖效率，也要鼓励创新，不能只关注其一。

转换跑道

当面临残酷的市场竞争，利润与销售收入长期处于低增长甚至负增长，自由现金流急剧下降或者可用资金减少，致使企业目前的经营方式无法维持时，企业通常要转换跑道，改变运营路线，将资源保存下来，然后将其用于公司新兴业务的发展上。企业可以通过识别一些重要指标来预测环境的恶化，如技术变革、出现黑马竞争对手、客户满意度下降、新产品的推出、客户流失、增长率下降、利润率大幅下降，并且在短期还看不到改善的迹象等。

这些情况一旦同时发生，就会给企业带来破坏性的结果。

> 1975年柯达占领美国胶卷市场90%的份额及相机销售总量的85%，在当时几乎没有可以与之竞争的对手。随着竞争对手推出数码相机，柯达在2003年也公开宣布胶卷业将处于长期的衰退期，并且实行了一系列的转型战略，但终究没能做得足够彻底。在组织内部没有分配足够的资源发展、扩大新的战略，也没有预料到技术的变化如此之快，柯达仍继续将大部分资金投入原有的成熟业务，最终使得转向新兴业务的战略失败。2012年柯达申请破产，令人扼腕。

企业要想成功地转换跑道，实现重生，有两个策略可选择：一个策略是针对原有下滑比较厉害的传统核心业务开展变革，主要目标就是节约成本，释放资源，为重塑的新兴业务战略筹集资金，并且坚定地持续投入。

另一个策略是当现有核心业务在短期内还能产生大量现金流时，通过并购新兴业务往高利润的产业转型。

> 在收购罗门哈斯公司之前的几十年，陶氏化学一直是原油粗加工行业的领军企业，其业务就是把原油粗加工，合成一系列石化产品，卖给各个行业的客户。但是随着来自东亚及中东的企业大举进入这个行业，特别是中东石油企业在原料方面具有天然的价格优势，而且原有客户开始拓展产业链，自行生产

基础石化原料，陶氏化学传统的优势逐渐消失。陶氏化学希望通过往高利润的专业石化产品领域转型来重塑企业的核心竞争力。陶氏化学放手一搏，彻底收缩现有核心业务，并且筹措大量资金，发起了对专业石化产品领域的领先企业——罗门哈斯的收购，成功推动陶氏化学的转型，使得高利润的专业石化产品占据陶氏化学总收入的2/3，未来还将提高到80%。

企业要想转换跑道，成功实现转型，需要做到以下几点。

（1）更新商业模式。新的业务跑道必然需要更新商业模式去支撑新战略的落地。企业要鼓励内部创新，特别是围绕新业务战略的创新，并对新业务跑道进行持续投资，以此展现企业转型的决心。

（2）更新组织。企业在对原有业务展开收缩时，需要重构组织，减少管理层级，降低人员编制，促进上下级沟通，加强责任心。当企业转换新业务跑道时，建议设立一个转型项目管理办公室，推动企业做出必需的艰难决定以避免既得利益者阻碍进步，并且将短期和长期的指标与奖励结合起来，促使团队形成合力。

（3）更新文化。企业在转型阶段可能面临两种截然不同的文化冲突，这两种文化冲突将给转型带来挑战与压力。企业需要对其文化进行更新，引导员工把重心放在执行上，提高组织的透明度，缓解员工的担忧，通过庆祝转型过程中微小的成功以保持对于更大、更长远前景的专注。

（4）更新领导。在转换新的业务跑道时，领导者要更加开放，要更加关注发展,要表现出愿意承担风险,做好表率,并且要有很强的感召力,通过新愿景激励员工取得长远成功。

自行独立运作

在企业中,经常会由于责权利不对等、资源配置不合理、团队战斗力不强,影响了业务的发展。很多企业的衰败,从表面上看可能是外部环境、技术、商业模式的改变等因素导致的,但其实更多是企业内部长期的经营管理不善造成的。

也有很多在非常传统的、充分竞争的行业内的企业,通过对组织内部的变革转型,将组织结构打散成各个小部门,然后为每个部门建立单独的绩效合同,推动其自行独立运作,从而焕发新的活力。

海尔就是一个典型的自组织成功转型案例。海尔是世界最大的冰箱、洗衣机及其他大型家电的生产商,其产品涉及范围很广,数万件产品涉及上百个不同类别。家电市场也是一个快速变化的市场,在国内外有众多生产商。如何保持行业竞争优势,是企业首先要面对的挑战。海尔开展了自组织的转型变革,通过裂变出一个个小的自主经营体,赋予其自治权,使其拥有独立的损益表、经营模式、创新项目及动力,让每个经营体自主发展。海尔的自组织成功转型基于以下四大机制。

(1)顾客驱动机制。一级经营体在满足顾客需求的过程中可以倒逼二级经营体，让其提供资源和流程支持。

（2）契约机制。不同的经营体之间互为客户，通过契约机制打破层级管理，促进内部协同。

（3）官兵互选机制。经营体长的确定通过公开竞聘，由专门委员会选拔（横向部门/员工/客户）；经营体长组建自己团队，网络发布"单"，抢单上岗；如果经营体长没有实现目标，员工有权利让经营体长下课。

（4）人单酬机制。每个自主经营体或员工，都要先锁定自己的盈利空间，并承诺第一竞争力的目标；实际得到的薪酬与预酬有差距，如果未达标，只能获得基本薪酬，并限时升级。

从客户导向、内部结算、团队建设及薪酬激励四个方面来保障自组织在海尔的成功落地，激发海尔新的发展势能。

企业成功实施自组织的转型路径，需要做到以下几点。

（1）明确规则。每个独立的自主经营体依据自己对市场的判断来选择适合自己的业务策略，企业需要设定高级别、长时间的衡量标准、激励措施与互动原则（如内部单元的转让定价），为每个自组织提供大量资源并处理冲突。

（2）尽可能避免成本消耗。自组织对企业来讲是非常具有挑战性的，除了内部的协同机制、互动、定价及价值转换在组织内难以取得共识，更大的挑战是，自组织的形式会给企业带来巨大的资源与成本消耗。因为各自主经营体都实行不同的经营策略，因地制宜，企业需要通过阶段性试验，成功一个业务单元，试点一个业务单元，尽可能避免成本消耗。切忌批量复制。

（3）信任。有些企业在向自组织转型时，往往容易半途而废。要么把责任下放到自主经营体，而没有把资源投入进去；要么在一定时期内没有见到成果，就开始犹豫，执行转型路线不坚定。杀伤力更大的是，表面上把自主经营体责权利划分清楚了，但由于对自主经营体团队不够信任，还有一只"无形的手"在其背后干预、牵制，让自主经营体很难放开拳脚，施展潜能。

构建生态系统

当前，很多企业都在倡导要构建生态系统，打造平台化组织，现实是，能够做到的企业微乎其微。因为构建生态系统时，企业要确定自己拥有的能力以及需要从外部获得的能力，特别是企业本身要具备的优势和独特能力，在这点上，很多企业都不一定具备。即便具备，企业也会面临原有业务失控的潜在风险。

企业在构建生态系统时，需要明确自己与外部成员创造双赢的关系、生态系统中的激励措施，长期保持生态系统的活力及多样性。驾驭如此复杂的转型策略，对企业来讲，任重而道远。

1. 打造产品组合，发挥协同效应

企业通过功能的整合，持续提供更多的增值服务，来获取客户的忠诚度与企业的美誉度，使忠诚的客户成为整个由产品和服务构成的互相连接的生态系统的参与者和传播者。在一个生态系统中，某个产品良好的业绩应该被设计成可以为其他产品创造新的价值和利润，即所谓的协同效应。例如，对 iTunes 的改进会促使 iPod 销售得更好，而 iPod 销售得更好，会为 iTunes 音乐商店带来更多收入。企业应该力争在内部打造这种产品组合，发挥其协同效应，让企业收获不可预测的回报。

当客户进入企业构建的生态系统时，将得到增值价值，而这一增值价值是竞争对手所无法取代的。

> 亚马逊广受欢迎的每年 79 美元的亚马逊会员身份，起初只是为了获得免费的"两日达"快递服务的年费。后来亚马逊推出了视频租赁服务，并增加了免费视频租赁，以作为亚马逊金牌会员服务的一项额外好处。接下来亚马逊又增加了 Kindle 借阅图书馆电子书免费借阅服务。后来亚马逊开始为其视频服务制作原创节目，这些节目只有亚马逊的会员才有权访问。

2. 外部链接，增强主营业务

当面临外部新技术、商业模式等市场竞争格局变化时，有些企业反应相对比较迟钝。从企业本身来讲，可能某些能力是企业所不具备的，因此，往往需要借助外部链接来增强主营业务。

> 2005 年，耐克的工程师注意到在跑步者中 iPod 的使用很普及，于是借助与苹果公司的合作，耐克生产了 Nike+iPod 套件。在推向市场的第一年里，Nike+iPod 套件就被证明取得了巨大的

成功。它几乎立即提升了耐克跑鞋的市场份额。耐克在前两年的时间里共出售了 130 万件 Nike+iPod 套件；在这段时间里，耐克跑鞋的市场份额从 48% 上升到了 61%。

凭借与苹果公司的链接，耐克建立了与其主营业务相关联的数字服务，推动了其市场份额的增长。耐克结合移动互联网技术，借助 Nike+iPod 套件提升了客户体验，获取了大量的客户数据及运动数据，使耐克不单单是一家优秀的制鞋公司，还成为一家优秀的科技公司，为公司未来的业务发展带来更多可能性。

3. 开放平台，共生共存

生态系统产生的协同效应是不可预知的，因为不可预知性是生态系统与生俱来的特质。特别是当构建外部生态系统、打造开放平台时，外部的许多变化都在互相影响，唯一能确定的就是不确定性。即便如此，构建外部生态系统、打造开放平台，还是很多企业追求的商业未来。

当 iPhone 于 2007 年首次面市时，其屏幕上只有极少数自行开发的应用程序可供客户使用。由于乔布斯对产品体验的极致追求，担心开放给第三方进行应用程序开发，将影响客户的体验与满意度，因此直到一年后发布 iOS 2.0 版本，苹果公司才正式推出 App Store 以作为其生态系统又一个重要的组成部分。第三方开发者纷纷涌上这个平台，这为苹果公司赢得了又一个价值数十亿美元的收入流。5年内，苹果App Store提供的应用程序数量激增到了90万个。到2018年年底，苹果公司客户在App Store中的消费总额超过1 000亿美元，第三方开发者已经从中获得了超过700亿美元的收入。

苹果公司通过App Store构建的开发平台建立了强大的互联生态，并且在生态链各个环节的生产者都将获益，共生共存。

Chapter 12

第十二章

做好变革转型的准备

当变化已然成为企业面临的常态时,组织变革将伴随业务发展。企业能否成功开展变革转型,首先,需要澄清可以改变什么。从战略到组织,战略包含愿景、定位、项目与产品;组织包含文化、结构、系统与人员。在组织中最宽泛、最抽象的变革是愿景和文化,最具体的变革是真正的产品和真实的人员。但是战略与组织又互相关联、彼此连接。变革成功是一个长期的系统工程,但是每个节点又需要找准突破点。其次,企业想清楚要改变什么之后,还要评估转型的能力。企业对变革的承受力越强,组织变革的自由度就越大。另外,在变革转型过程中,企业要去伪存真,懂得思辨,把握转型中的要素。最后,企业领导者必须确保变革转型的可行性,更为重要的是,必须帮助企业建立必要的灵活性,时刻做好转型准备。

评估转型能力

面对变革转型，企业是否有能力灵活调整商业模式、业务流程、组织架构甚至愿景使命？企业是否能承受变革带来的不可预知的变化、暂时的混沌及种种的压力？许多企业吹响的"变革号角"是响亮的，可过程是曲折的，结局也并不那么完美。其中多数变革转型失败的原因是企业对其转型能力预估不足，信心盖过了实力。不同变革的难易程度不同，而且对企业能力的要求也不同。因此，在变革转型前，企业必须对组织能力进行客观评估。

1. 组织是否建立核心价值体系

企业变革转型的目标是建立持续的竞争优势。前文提到的海底捞，支撑其保持持续竞争优势的，不是硬件设备、环境、口味与服务，而是自下而上的文化。核心价值体系，也就是我们通常所说的软实力，主要包括规定、技术、人员和文化，特别是那些支撑重大变革的价值观、信念和设想。例如，在历来倡导创新及自主的组织中，那些加强统一、标准化、流程范式的变革项目将面临巨大阻力。这与企业的价值观或经营理念、文化不太一致，变革转型操之过急将给团队带来压力，容易使企业员工陷入焦虑及怀疑的情绪之中。

核心价值体系能够确定组织是否了解客户的需求，能否建立主要的伙伴关系，能否构建战略性基础措施并吸引、留住最优秀的人才。它还决定组织是否拥有有效的工具来识别不断变化的多元化市场，并为其提供服务。

企业经营者都想通过变革转型实现组织资源回报的最大化，产生超预期的成果并实现高额利润及财务的可持续性。然而，在期望的背后，企业需要在变革转型之前能够正面回答并进一步厘清以下几点。

（1）了解所在的商业环境和市场。

（2）了解变化对企业业务的影响。

（3）清楚企业的品牌和定位。

（4）清楚企业的使命、目标和优先事项。

（5）功能结构和工作分配符合企业的使命和目标。

（6）资源分配符合优先事项。

（7）价值观与企业日常行为规范保持一致。

2. 组织是否具备核心胜任力

核心胜任力是组织变革转型的关键，也是企业发展的重要基石。胜任力的组成包括知识、技术、品质、思维和行动，这些都是提高组织竞争优势以取得成功所需的条件。从团队到个体本身都有一些核心胜任力，这也是组织重要的资产，能够帮助组织战胜竞争对手并充分发挥其员工队伍的力量。例如，腾讯的产品开发、迭代及产品思维是其核心胜任力之一，推动了其在市场快速推出更多更好的产品与服务，并且及时更新迭代，保持市场领先。小米的粉丝运营能力也是小米公司的核心胜任力之一，其依靠粉丝的口碑，让小米手机在惨烈的市场竞争中强势突围，占据一席之地。

企业要想成功地变革转型，必须管理好自己的人力资源，追求更广泛、更多样化的人力资源的开发，以及将组织核心胜任力在内部传播、转换成日常的行为习惯，甚至变成企业的基因。

> 华为是一家以研发著称的公司，在华为有数万名工程研发人员，这是华为在技术上能够领先同行的关键因素。然而，华为的终端消费业务也占据其公司重要地位，是其核心战略单元，也需要更多既懂产品又懂终端消费者的复合人才。这就决定华为需要在不同领域吸引多元化的人才。华为拥有一系列机制与管理动作，将组织的核心胜任力在内部传播，互动学习，固化成华为人的特质，逐渐演变成华为的基因。

企业在启动变革转型前需要明白企业的核心胜任力是什么。为了迎接变革转型，企业需要厘清以下事项。

（1）核心知识和技能能够满足当前和未来的市场。

（2）了解不同客户/客户群的不同需求和偏好，并且有能力满足。

（3）能够确保拥有源源不断的、敬业的高素质团队成员来担任不同的职位。

（4）知道工作的最佳实践并进行了应用。

（5）知道有效地给予及接受反馈以提升工作绩效。

(6)培养了应对挑战所必需的意识、敏感性和技能。

(7)能够承担不一样的群体领导角色。

3. 组织是否具备运作能力

企业在变革转型期,即便构建了核心价值体系,也具备了核心胜任力,但还需要通过组织具体的运作能力,将两者的功能价值发挥出来。组织的运作能力指的是打造组织满足客户需求的内部流程和系统执行的能力,通过个人、小组和群体对资源进行充分利用,并加强合作、联盟,来提升组织价值,实现组织目标。

当企业启动变革转型,个人觉得与组织建立了连接并着手进行改变时,就是组织运作能力的体现。组织将每个团队都聚焦在对实现组织目标有影响力的工作上,对其分配资源,让组织强化与员工的关系及承诺,并且在品牌、产品和服务的创新方面建立良好的声誉。

对组织运作能力的评估,需要从以下几个方面去衡量。

(1)客户满意度。

(2)股东或利益相关者的满意度。

(3)员工参与度。

(4)法律/法规的合规性。

(5)可持续性。

(6)能够利用团队成员的多样性来提升创意。

(7)能够利用流程再造原则及最佳实践来提高工作的成果和效率。

（8）营造一种能够培养并留住团队成员的工作环境。

（9）知识和技能正被用于实现组织和团队目标。

（10）被激励着以最佳状态投入工作。

把握变革转型要素

从对变革转型成功企业的研究中我们发现，成功变革转型的企业对自己转型能力的评估是客观、冷静甚至谨慎的，变革转型的态度是坚决而果敢的。企业领导者在变革转型前，通过学习大量变革知识，与同行交流，请咨询公司分享成功与失败的案例来深度理解变革的逻辑、方法与可能的风险，结合行业特点、组织资源与能力来决定采取哪种变革措施，并且以身作则，在过程中积极推动，关注细微的变化，把控好变革的节奏，保障每个阶段的成功，逐渐累积成变革的势能，推动企业成功转型。

1. 深度理解变革逻辑

企业管理层在变革开始之前需要通过各种方式获取信息来加强对变革逻辑的深度理解。如果企业管理层对变革还不太理解或还没做好心理准备，那么变革实施过程会无比艰难，其结果终将半途而废。这也是为什么在变革之前企业管理层要花大量的时间去理解变革的本质、举措的步骤、需要投入的资源及可能的风险。在变革启动前，企业管理层要制造紧迫感，引导员工以开放的心态理解变革、支持变革。

通过对各种组织变革文献的研究，提炼出变革的几个基本逻辑，以供参考。

（1）组织变革很少类似于管理文献所吹捧的理性分析过程，通常呈现出零碎、不断演变和直觉型的特征。组织变革会随着外部环境和内部决策的变化而演变，并在过程中达成一种新的行动共识。

（2）组织变革必须循序渐进，遵循行业发展与商业模式的基本规律，逐步开展。

（3）组织变革要找到变革的杠杆点，用这个杠杆点能够取得"四两拨千斤"的效果。

（4）组织变革要先易后难，从每个小的成功开始，逐渐积累势能。

（5）组织变革是一个共识的过程，没有取得共识的措施，即便再合理，也未必能取得好的成果。

（6）在组织变革过程中，企业领导者要时刻保持冷静，不要摇摆，更不要盲从。

（7）组织变革的终极目标不仅是业绩提升，而且是要打造企业创新求变的转型能力。

2. 自上而下还是自下而上

组织变革的路径选择将在很大程度上影响企业转型的成效。变革路径本身没有好坏，适合组织的才是最好的。组织在过程中持续修正，坚持到底比较重要。

第十二章 | 做好变革转型的准备

从大体上来讲，组织变革路径分成自上而下和自下而上两种。

（1）自上而下的变革路径一般是这样展开的。

1）制造紧迫感。考察市场和竞争因素，以应对可能出现的危机，利用潜在的机会；至少要说服管理团队中 75%的人，相信保持现状比踏入改革的未知领域更危险。

2）组建强大的指导同盟。召集一组拥有共同使命、权力足够大的人员，领导变革；鼓励这些人像团队一样工作，打破现有的层级。

3）创建变革愿景。创建一个愿景，为变革指出方向；制定战略实现这个愿景。

4）沟通变革愿景。利用一切可能的途径，宣传与传播新的愿景与战略；通过指导同盟树立新的行为标杆。

5）推动员工努力实现愿景。消除或改变不利于实现愿景的系统制度与组织结构；鼓励冒险行为或标新立异的想法和行动。

6）计划并获取短期胜利。构想并实施一些效果明显的业绩改进计划；肯定并奖励对业绩有贡献的员工。

7）巩固成果，深化改革。稳步改变与战略愿景不合的系统、结构和政策；雇用、提升和发展那些能够实现战略愿景的员工；采用新的项目、主题和代理，重新激发业务流程的活力。

8）将变革成果制度化。阐明新行为与公司取得的成功之间的关系；按照变革后的新方法设计领导力开发和接班人计划。

自上而下的变革是由高层领导来推动的，利于内部资源的整合,决策效率的提高,以及每个阶段变革目标的聚焦。但是,组织变革是一个摸着石头过河的探索历程,一般很难完全按照预设的轨迹发展。它由无数细小的变动推动着整个变革进程,更像一个组织持续完善的过程。

然而,很多企业的变革并不是从一开始就自上而下展开的,而是从企业的一些业务单元或局部开始酝酿,形成一定的势能后,才引起了企业决策层的注意,开始投入资源、提供条件,支持变革往更大范围扩散,甚至形成企业级的战略项目。

(2)自下而上的变革一般是这样展开的。

1)通过联合诊断业务问题,帮助人们对组织现有问题、改进计划达成共识来推动变革行为。

2)开发共享的愿景,以说明为获取竞争优势而展开的组织和管理活动。

3)培养对新愿景的一致认同感,以及实施和推进愿景的能力。

4)向所有部门传播转型的理念,让每个部门"推倒重来",鼓励他们努力找出自己适应变革转型的方式和在新组织中的定位。

5)将重新激活的各种变革成果制度化、长期化,确保变革成果得到长期的保证。

6)依据变革转型过程中发现的问题,审视、调整策略。变革的目的是建立一个能适应瞬息万变的竞争环境的学习型组织。

企业应该选择自上而下还是自下而上的变革路径呢?这取决

于组织的目标、需求和能力。企业需要判断的是采用哪种路径可以发挥企业的优势、资源与能力，并且将它们引导到提高业绩的努力上。

3. 渐进式变革还是全面变革

有些企业在实施变革转型时会采取全面变革的方式，而不是渐进式变革的方式。全面变革比较容易把企业的问题扩大化，以为一场彻底的变革才能解决问题，而不是在某些部分进行持续补丁，迭代升级。然而，往往这种一厢情愿的想法总是让人失望。企业经营者必须深度理解这两种截然不同的变革方式的内涵，结合企业自身的资源、能力与文化来理性抉择。

渐进式变革与现有企业结构相容，通过改进某些局部来获取组织效能的提升，并且在一定时期内持续完善、强化。而全面变革是打破原有的框架，是一种组织突变，对于参与者来说波动很大，在内部容易遭到各种势力的抵制，需要管理人员具备很强的能力与影响力，才能重塑战略、组织、人员、流程之间的协调关系。

渐进式变革的过程通常是：针对某一变革事项，获得员工的广泛认可；公开备选方案，让涉及改革的部门充分讨论，分析利弊，学习新的组织行为；树立标杆，奖励成功的改革行为；评估成果，持续完善变革措施等。在渐进式变革时期，管理者的角色是重新审视、确定企业使命和核心价值，授权中层管理者做出渐进式变革的决策。企业在渐进式变革过程中，需要把不确定性、压力控制在员工可接受的范围内，并在保持组织结构大多数特征不变的情况下，激发员工对新事物的学习和探索。

由于外力的巨变改变了行业的竞争格局、产品生命周期迭代速度加快、强势的新进入者出现以及企业自身运营能力的低下，企业不能有效地抵御外部的变化与市场的竞争，这种内外压力的双重作用，很可能激发企业采取全面变革。

全面变革是针对现有系统的一种颠覆性变革，而不是在现有系统内部的变革。它将重塑企业价值观和使命，改变原有的权力结构，甚至在大多数情况下会引进新的管理团队来推动全面变革。

可想而知，全面变革在内部的推行阻力是很大的，先不说新的管理团队对企业的理解是否能够强有力地影响一批支持者，即便能够带来新的理念、思路与解决方法，也很难在短时间内推行下去。实施变革的时间越长，不确定和不稳定的时期就越长，变革的阻力就会有喘息之机，阻挡变革的势力就有更多的机会破坏变革。当然，最有效的全面变革可以迅速创造新的战略、结构、流程及系统，并且重新开启另一个稳定阶段，企业生存和发展的可能性就越大。

4．把控变革的节奏

企业无论采取全面变革还是渐进式变革，是自上而下发起还是自下而上产生，都要建立一种动态平衡，保证组织在一定的轨道内向好的迹象发展，要不就失去了变革转型的意义。有时不同的变革方式在企业变革转型过程中是交叉相融的。例如，全面变革将自上而下引发革命，革命为变革提供推动力；渐进式变革配合改革，改革有助于建立秩序；自下而上的变革孕育再生，并激发主动性。企业要结合自身的现实情况，在这三者之间进行有效组合，把控好变革的节奏。

企业领导者的重视

企业变革转型之所以不成功，除了变革要求超出了企业的转型能力，还有就是企业领导者没有全身心投入，以及当遇到阻力、挑战和阶段性的成果不明显时所表现出来的三心二意。

1. 全身心投入

我们通常能够看到这样一种有趣的现象，即当企业开始实施变革转型时，企业领导者从一开始给人感觉就像倾尽全力都要将变革进行到底一样，特别是在变革转型启动会上表现的那种激情更让人难忘。然而，随即低调委派某位下属负责项目实施，自己偶尔在关键节点进行关注，听取汇报。这件事情慢慢变得好像仅仅是变革项目组成员的事。类似这些变革项目自然命运飘摇，大多半途而废，很快销声匿迹。

企业变革转型都是有风险的，也很难说都能成功。而企业领导者的不够重视导致的变革失败，将极大地影响领导者的影响力与信誉，甚至导致企业文化、价值观的扭曲，这样的损耗远比某一次的变革失败更可怕。因此，企业领导者要对变革转型深入理解，慎重思考，把风险、挑战预估清楚，做好心理准备。一旦决定付诸实施，就要以身作则，全身心投入，这样才能使企业保持专注。

变革转型不单需要组织投入资源，还需要领导者投入大量的时间和精力，要把这种投入看成提升业务经营的有效方式之一。当选择变革举措时，切忌好大喜功、全线开战，而要集中优势力量，重点突破，获取每个阶段的小成功，激发变革的支持与热情。

企业领导者的一言一行、资源投入方向以及决策导向都将影响企业内部变革力量的变化。企业员工都在时刻观察着这些动态，并且揣摩着变革转型的方向与决心。企业领导者必须谨言慎行，做到表里如一、言行一致。

2. 意志坚定

企业变革转型将打破原有的利益格局，给组织带来阵痛，对员工产生巨大的影响，使其产生不安定感，因此会有人反对变革、消极抵抗甚至暗中破坏。这是对企业领导者的意志和能力的严峻考验。

组织结构的调整和资源的重新分配，将造成"有人欢喜有人忧"。对于在改革中受到打击的部门，需要做好安抚工作，尤其要确保其中的优秀人才不会因此感到前途渺茫而选择离开。虽然这样的情况在变革转型中经常发生。

企业领导者要在各种正式与非正式的场合表达变革的决心，打消观望者的疑虑，获得更多员工的支持与认可，聚焦在变革的关键事项上，而不是把组织变成一个流言满天飞的"道场"。就像前霍尼韦尔 CEO 拉里·博西迪在推动六西格玛变革项目时总结的："推进重大变革举措是极其费心费力的。对于每一次讲话、每一次交谈，领导者都必须表现出坚定的信心和巨大的热忱。反复不断地讲，甚至略带夸张地讲，偶尔还得激情四射地讲，这些都是必需的。作为领导者，你必须清晰表述、反复强化一个理念，即实施此变革绝不是试试水、热热身这么简单，这是关乎企业竞争力、企业基业长青的关键，必须在全公司生根发芽、开花结果。"

在变革转型期，难免会遇到不执行、不支持、不推动的"三不"人员，他们甚至会在私下诋毁变革的各种不利，特别是当变革在一定时期内没有达成预期成果时，这种反对的声音和行为将越发明显。当面对这样的情形时，企业领导者必须以切实的行动去展现变革的意志。例如，围绕变革重要事项，调整业绩考核及激励措施。对"三不"人员展开充分的沟通，争取更多的理解。对于恶意阻碍、诋毁变革者，应该及时清理出团队，以正视听。

创建人才优势

企业变革转型是一个长期的、持续的演进过程。随着变革的展开，内外部都将发生一系列变化，用人的标准需要与时俱进，将合适的人放在合适的位置，并形成人才梯队，有利于变革的顺利推进。

1. 用人标准迭代

企业之所以要变革，是因为要加强对经营管理水平的提升，这种变革蕴含着对业务、组织、流程与人才的重塑。在新的变革策略下，企业的经营、组织结构与流程都将发生深刻变化，而这种变化需要加强对人才标准的更新迭代，紧跟企业变革的现实需要。

在企业变革转型期，除了需要自身的基本素质，如诚信、积极、执行力等，还需要一些关键的领导力特质：商业敏感度，尤其是能够从商业的角度全面考虑业务发展规划的能力；变革思维，在寻求解决方案的过程中，自我心理调整与自我改变的意愿；要能够自省，有大局观，保持对新事物的探索与学习的渴望。

新的用人标准的建立，需要在招人、用人、提拔人、发展人的时候进行全面应用，将这种新的标准贯穿到人才管理的每个环节，形成组织新的管理范式，将成果内化成企业文化的一部分。

2. 知人善任

在变革转型期，对人才的任用将面临更大的挑战。一方面，企业内部由于变革带来资源的重新分配，哪些员工适合在哪些变革举措中承担什么角色，都将进行重塑，过去的岗位职责会发生剧烈的变化。其中除了需要考虑员工能力是否胜任，还需要考虑相关利益关系是否会影响变革的推进。另一方面，随着变革的深入，多少都会造成人才的流失，这也将影响在职员工的心态，给其带来现实的心理压力。这个阶段如何去引进更好、更适合的人才，也是一个比较大的挑战。引进人才也需要考虑企业现实的变革是否会造成职业发展的不稳定，对新加入者的要求也将不一样，对他们的期待也将变得更高。

在变革转型期，企业一定要结合自身的资源以及现实的需求，来设定新的吸引、保留人才的策略，要能够让内部的人才留下来，外部的人才可以进入。企业领导者要根据不同人才的特点，将其放在合适的位置上，发挥其优势，让其为组织变革顺利推进做出更大的贡献。

3. 形成梯队

企业变革的终极目标是造就企业具备持续成长的能力，而其中重要的延伸价值就是要形成人才梯队，能够为企业的持续发展源源不断地提供所需人才。2000年美标公司掌门人坎波里斯卸任，其继任者是联合信号公司的原副董事长弗雷德·波齐斯。他在前任成功变革的基础上，提出了更有竞争力的商业模式，有效地帮助企业提升了资产周转率和净现金流。

上文阐述过在企业变革期对人才标准的需求，企业在评估、选拔、培养、发展人才的时候也需要紧密围绕这些新的人才标准。企业领导者也要密切关注那些重点培养的高潜人才在工作中的成长状况。例如，听听他们在会上讲些什么？什么能激发他们的好奇心？工作重点事项是否围绕变革的核心诉求展开？能否阶段性地执行落地？在遇到挑战时，能否创造性地解决问题？在利益冲突的情况下，能否从公司整体利益出发？当面对变革非议、情绪反弹时，能否承受压力，坚定信念，求新求变？

对高潜人才的培养，比较好的方式之一就是让其接受更高的挑战任务。通过那些看似已经超出其经验、能力范围的工作，激发他们更大的潜力。这样的挑战最好是在实际工作中进行，并且授权充分，让其能够有自由发挥的空间。有些企业在变革期，为了避免给变革的正常推进带来干扰，也会采取实战模拟来培养高潜人才。霍尼韦尔就是这方面实践的先行者。受训人员会根据实战模拟的具体问题被分成几个小组，各自形成自己的观点，阐述背后的原因，然后再集体讨论、交流分享。如果设计得当，这种练习能极大地帮助人们超越原有的思维局限，以前所未有的高度及广度思考实际问题。

企业要想大幅提升高潜人才孵化的成功率，需要构建紧贴业务现实、聚焦重点问题、以人才标准为核心的选人育人机制。只有这样，才能培养出企业需要、能够直面现实、坚定果敢、引领转型的卓越领导者。

有效管理行为

无论企业处于变革管理期还是正常的业务发展期，企业经营是否能够突破现有发展困境，是否能够保持持续的发展能力，这些都与组织中形成的管理范式息息相关。企业领导者需要重视对基本的有效管理行为的认知，以此来提升变革领导力。

1. 管理者不是万能的

无论多么耀眼的职场明星，都曾经历过失败，并且未来不一定能持续成功。这是因为一个缺点可能在一个岗位上被容忍，甚至作为一种正面品质，但在另一个岗位上会被证明是致命的。这取决于人、组织、岗位及时机的匹配度。有效的管理者，其所具备的条件不是最好的，但具备"合适"的必需条件。前提是，我们要知道，管理者不是万能的。

2. 团队的产出更重要

英特尔的安迪·格鲁夫说："一个管理者的产出=组织的产出+在他影响下相邻组织的产出。"这说明一个管理者只有帮助组织变得更好，才能证明其是个有效的管理者。我们经常在组织中发现，有些部门尽管管理者无效，但是部门运转良好；而有些部门管理者有效，却运转很糟。因此，当评估管理者是否有效时，要客观全面地去看待，要剥离市场、资源条件等各种外在因素，看其做了哪些有效动作推进了团队行为的有效性，使得团队的产出能够保持高效。

3. 组织有效大于个体有效

一个健康的组织不是由单个的只简单负责自己工作的人组成的，而是一个社群，人们为整个系统和它的长期生存负责。纵观整个企业的发展史能够看到，明星企业家层出不穷，给企业带来深刻变化。然而，只有时代的企业，换句话说就是，只有时代的企业家。企业领导者的价值毋庸置疑，仔细深究就会发现，这些带领企业成功迈向发展阶段的领导者，都是通过改善组织的有效性去实现变革目标的，而个体在其中只是审时度势，利用现有的资源，阶段性地发挥其价值。企业要警惕个体价值的扩大，而保持对组织有效性的关注与改进。

4. 没有管理动作是最好的管理

最好的管理就是在没有管理动作的情况下，营造释放能量的氛围，激发员工自主自发地高效完成工作，使组织运作平稳有序，就如同蜂后并不做出决策一样，它只是释放一种化学物质就能使蜜蜂的社会系统聚集在一起。最好的管理是信任、鼓舞与关怀，尊重个体的价值与缺点，注重加强员工之间的文化连接和情感连接，把他们看作紧密关联的组织体系中值得敬重的成员。管理者知道在何时以及如何介入问题，日常更多的是在预防问题而不是通过管理动作协助解决问题。

没有管理动作的管理强调的是一种潜移默化的影响，以期获得缓慢、稳定却又影响深远的改变。每个人都肩负起确保重要变革可控的责任，而不是让变革以戏剧化、表面化的方式发生。

参考文献

[1] 亨利·明茨伯格，约瑟夫·兰佩尔，詹姆斯·布莱恩·奎因，苏曼特拉·戈沙尔. 战略过程[M]. 耿帅，黎根红，等译. 北京：机械工业出版社，2017.

[2] 马丁·里维斯，纳特·汉拿斯，詹美贾亚·辛哈. 战略的本质[M]. 王喆，韩阳，译. 北京：中信出版社，2016.

[3] 迈克尔·波特，等. 重塑战略[M]. 陈媛熙，等译. 北京：中信出版社，2016.

[4] 拉姆·查兰，查尔斯·伯克，拉里·博西迪. 开启转型[M]. 杨懿梅，译. 北京：机械工业出版社，2014.

[5] 迈克尔·波特，等. 大师十论[M]. 时青靖，陈志敏，等译. 北京：中信出版社，2015.

[6] 曾鸣. 智能商业[M]. 北京：中信出版社，2018.

[7] 大卫·B.尤费，迈克尔·A.库苏马罗. 战略思维[M]. 王海若，译. 北京：中信出版社，2018.

[8] 菲利普·科特勒，何麻温·卡塔加雅，伊万·塞蒂亚万. 营销

革命4.0[M]. 王赛，译. 北京：机械工业出版社，2018.

[9] 倪以理，张海濛，钟惠馨，唐蓓，陈鸿铭，储楠，潘浩，潘雨辰，揣姝茵. 大象起舞正当时：中国银行业踏上敏捷转型之路[J]. 麦肯锡季刊，2018（3）.

[10] 吉姆·柯林斯. 从优秀到卓越[M]. 俞利军，译. 北京：中信出版社，2002.

[11] 丹尼尔·平克. 驱动力[M]. 龚怡屏，译. 北京：中国人民大学出版社，2012.

[12] 吉姆·怀特赫斯特. 开放式组织[M]. 王洋，译. 北京：机械工业出版社，2017.

[13] 巴里·瓦克斯曼，克里斯·斯图兹曼. 整合：实现商业转型的七大法则[M]. 于超，译. 北京：中信出版社，2016.

[14] 陈春花. 激活组织[M]. 北京：机械工业出版社，2017.

[15] 拉姆·查兰，等. 引领转型[M]. 杨懿梅，译. 北京：机械工业出版社，2014.

[16] 加里·哈默，比尔·布林. 管理的未来[M]. 陈劲，译. 北京：中信出版社，2012.

[17] 萨利姆·伊斯梅尔，迈克尔·马隆，尤里·范吉斯特. 指数型组织[M]. 苏健，译. 杭州：浙江人民出版社，2015.

[18] 拉姆·查兰. 持续增长：企业持续盈利的10大法宝[M]. 邹怡，邢佩林，译. 北京：机械工业出版社，2016.

[19] 巴卡多·塞勒姆. 塞氏企业：设计未来组织新模式[M]. 师冬

平，欧阳韬，译. 杭州：浙江人民出版社，2016.

[20] 陈春花，赵海然. 共生：未来企业组织进化路径[M]. 北京：中信出版社，2018.

[21] 埃里克·里斯. 精益创业：新创企业的成长思维[M]. 吴彤，译. 北京：中信出版社，2012.

[21] 约翰·布德罗，等. 未来的工作：传统雇佣时代的终结[M]. 毕崇毅，康至军，译. 北京：机械工业出版社，2016.

[23] M. 塔玛拉·钱德勒. 绩效革命：重思、重设、重启绩效管理[M]. 孙冰，陈秋萍，译. 北京：电子工业出版社，2017.

[24] 埃里克·G.弗拉姆豪茨，伊冯娜·兰德尔. 成长之痛：建立可持续成功组织的路径图与工具[M]. 葛斐，译. 北京：中信出版社，2017.

[25] 艾德·卡特姆. 埃米·华莱士. 创新公司：皮克斯的启示[M]. 靳婷婷，译. 北京：中信出版社，2015.

[26] 查尔斯·汉迪. 第二曲线：跨越"S型曲线"的二次增长[M]. 苗青，译. 北京：机械工业出版社，2017.

反侵权盗版声明

电子工业出版社依法对本作品享有专有出版权。任何未经权利人书面许可,复制、销售或通过信息网络传播本作品的行为;歪曲、篡改、剽窃本作品的行为,均违反《中华人民共和国著作权法》,其行为人应承担相应的民事责任和行政责任,构成犯罪的,将被依法追究刑事责任。

为了维护市场秩序,保护权利人的合法权益,我社将依法查处和打击侵权盗版的单位和个人。欢迎社会各界人士积极举报侵权盗版行为,本社将奖励举报有功人员,并保证举报人的信息不被泄露。

举报电话:(010)88254396;(010)88258888
传　　真:(010)88254397
E-mail: dbqq@phei.com.cn
通信地址:北京市万寿路 173 信箱
　　　　　电子工业出版社总编办公室
邮　　编:100036